"O TODO É MENTE; O L

(HERMES TI

MW01171866

A ENCRUZILHADA DOS ESPÍRITOS ERRANTES

3º livro Bradockiano sobre poesias ocultas

Capa: Edgar Antônio

Fotografia do autor: Bento Gomes

Correção literária/Poética: Diva Bélo

Prefácio: Jénerson Alves

Agradecimentos: Resistência Poética Caruaru & O.C.A / Geração Mandacaru / Casa do Cordel

A Grande Literatura Bradockiana Universal + O Bradockianismo Digital

Apresentam:

Entrecortando a dimensão fantasma da poesia oculta eis que surge o tão aguardado tal qual uma cura ou um filho por uma mãe estéril, (...).

Iram F. R. "Bradock" traz em seu terceiro livro Bradockiano sobre poesias ocultas:

A ENCRUZILHADA DOS ESPÍRITOS ERRANTES

Com seus inúmeros pseudônimos e as personagens mais que bizarras, psicodélicas cenas poéticas, ocultos parágrafos e fantasmagóricas estrofes em um realismo naturalismo sobrenatural materializa-se dentro e fora do universo Bradockiano.

A poesia fantasma Bradockiana ressuscita do submundo da cidade de Caruaru no Agreste Meridional mal-assombrado do estado de Pernambuco. (A capital do agreste ou A Princesinha do Agreste).

O autor ou O Andarilho das Ruas

Índice:

O CASARÃO ROSA

SETOR 01 – PARTE III

Série: A maior feira ao ar livre do mundo

"Fiscal 13 na escuta"!

"Adianta! Fiscal 13 no contato! "

"Vá ao casarão rosa para fazer um trabalho. Copiou? "

"Copiado. Já estou me dirigindo ao local. Copiou? "

"Ok! " Diz pelo rádio o supervisor...

A noite ainda nem chegou...

Mas, parece que a tarde já está terminando...

O sol baixou...

Vou passando entrecortando as alvenarias e velhos bancos...

Brasilit, labirinto sem portas...

É de assombrar, caro leitor!

Me deparo com um deserto prédio rosa...

Seus portões enferrujados com negros cadeados e grossas correntes...

Uma voz de tom grave do interior do casarão me fala...

-Entre!

Inúmeras cadeiras e bancas de colégio, o local a mofo cheira...

Do nada me aparecem vários fiscais...

Alguns ainda com colete...

Já outros com blusas pretas...

Com o brasão municipal os homens fazem a limpeza...

Não conheço nenhum desses fiscais...

A sombra da tarde escurece o prédio...

Não consigo ver seus rostos...

Bate-me um estranho medo...

Pelo H.T. uma voz chama os fiscais ao banheiro...

Das salas escuto os urrados dos bovinos...

E os fiscais deixam o serviço por inteiro...

A casa rosa já foi um matadouro no começo...

Reza a lenda...

Que os antigos falam...

Que no setor 01 existe uma sulanca mal-assombrada...

Dirijo-se ao banheiro...

Tudo derrubado...

Podre o vaso sanitário...

Mas não havia nada...

Excremento na ponta do sapato...

A noite chega...

Me vem uma certeza...

O prédio rosa é mal-assombrado...

Não é brincadeira...

Com fantasmas eu havia feito um contato...

Vou ao departamento contar ao supervisor...

-Jura? Jamais passei o rádio...

-O H.T. foi usado pelos espíritos que em outras gestões foram assassinados...

O fiscal 13 aqui no mundo físico...

Se deparou com o outro lado o mundo dos espíritos.

AUTOR: O FISCAL 77

EM: 01/10/2010

A ENCRUZILHADA DOS ESPÍRITOS ERRANTES

Série: Poesia Oculta

I

Havia uma casa defronte para uma encruzilhada...

Suas paredes maltratadas pela força do tempo...

Suas portas rangiam de encontro ao vento...

Esta casa (caro leitor das horas mal-assombradas) ...

Tinha um aspecto negativo, porém chamativo...

Não resisto. Paro em sua frente...

E começo a contemplá-la...

Era realmente fascinante...

E, ou estava no meio de uma encruzilhada...

A noite, já há muito estava alta...

E eu, não arredava de pé na tal encruzilhada...

Felinos negros atravessavam de um canto a outro...

Vinham não sei de onde...

E a casa parecia que me chamava...

E logo avisto um senhor...

Talvez um mendigo, só que ainda estava longe...

Subindo por uma das quatro ruas desertas...

Que formavam a encruzilhada...

Distraio-me novamente com a casa...

E o velho do nada desaparece, como um fantasma.

II

Tomo o maior susto!

Abaixo-me, fico de cócoras...

Olho para os quatro cantos...

E o velho estava por trás das minhas costas...

Dou um salto!

Cabeça confusa, sem entender nada...

Logo mais a frente no centro da encruzilhada...

Avisto mais outro velho...

Místico, sentado atrás de uma pequena mesa...

Com cartas de tarô e búzios...

Havia também um enorme cachimbo que fumegava...

Então tive certeza...

Era mais um fantasma!

Ele também estava distante...

Mas, não havia mais dúvidas...

Eram espíritos errantes...

Não demorou muito...

E, logo percebi o que se passava...

Aquela velha encruzilhada era um portal...

Entre o mundo físico e o mundo sobrenatural...

Um canal...

Sobre as quatro ruas sem calçamento em forma de cruz...

Um lugar de espíritos novatos...

E outros rodados e sem luz.

III

Espectros benignos...

E outros pervertidos...

Como o que acabava de se materializar...

Era uma velha de um único braço a se masturbar...

Enquanto gargalhava debochadamente...

E, a entidade gritava através de fortes risadas...

"O meu único braço está dormente!"...

Nesta hora tive vontade de correr...

Mas, não sai do canto...

Não tinha forças para me locomover...

E logo em minha frente...

Houve outra aparição...

Era uma família sem rosto que não parava de comer...

Uma comida estranha que chegava a se mexer...

Nossa, meu caro leitor!

Realmente eu tentei correr...

Mas não tinha como...

Eram espíritos que chegavam...

E me cercavam pelos quatro cantos...

Tinham espíritos escravizados por outros espíritos...

Andarilhos que vagam por ruas sem fim...

Que nunca se acha...

Mas, que todas as noites visitam aquela encruzilhada...

Também havia consciências inteligentes...

Projetadas fora dos seus corpos físicos...

Também fantasmas de escritores que...

Há milênios escrevem em um único livro...

Fantasmas de outros fantasmas e espectros famintos...

IV

A noite mais parecia que não terminava...

E eu não conseguia sair do centro daquela maldita encruzilhada...

Parado, acorrentado em frente daquela velha casa...

Por forças ocultas, místicas e esotéricas...

Ao meu lado, um casal não para de sarrar...

Era um namoro bizarro!

Eles não tinham as pernas...

E o meu corpo todo gelou...

Não havia um só segundo de paz...

Olho em meu relógio...

Os ponteiros giram para trás...

E mais e mais fantasmas se aglomeravam...

No centro daquela macabra encruzilhada...

Que atraia os espíritos mais diversos...

Andarilhos espirituais chegados e recém-chegados...

De planos e subplanos...

Portais e subportais em mundos paralelos...

Que vão e estão além da compreensão...

Do simples ser humano...

Mas, nesta hora a minha consciência...

Me revelou que já era um iniciado...

E não mais um profano...

Então, do meio das quatro ruas, em forma de cruz...

Recitei: "Duas sombras".

Oração de defesa contra os espíritos sem luz...

Invejosos, atrasados...

E com minha mente fiz um círculo mágico...

Espantados!

Talvez por não acreditar no que ouviam...

No centro daquela mística encruzilhada.

V

Nem mesmo acreditei!

Pela primeira vez eu havia encontrado...

Uma legião de fantasmas...

Um insuportável cheiro de enxofre...

Tomou toda a encruzilhada...

Abri os olhos...

Olhei em volta...

Não havia um único fantasma!

E no horizonte, o sol já se levantava...

Então agradeci a magia que volta e meia estava...

Olhei para o recinto que eu parara em frente...

Espantei-me!

Não havia nenhum casal...

E realmente, nobre leitor...

Eu estava no centro de uma encruzilhada...

E o rei Sol já se mostrava por trás dos montes...

E sempre que anoitecer...

Pensarei duas vezes...

Antes de me aventurar por alguma encruzilhada.

AUTOR: O ANDARILHO DOS CEMITÉRIOS.

EM: 08/ 06/ 2009

A SALA DE FUMAÇA

Série: Poesia Anacrônica

Por um momento tudo era calçamento, quente como brasa...

Piso sobre a calçada dou algumas batidas no postigo de uma velha porta de madeira...

Logo a porta velha abre-se (...)

Era o portal que dá acesso ao interior da sala de fumaça (...)

Vejo pessoas inalando fumaça enquanto pensam em atacar (...)

Sem se defender de um inimigo presente e muitas vezes puramente imaginário...

Um presidiário de sua própria mente...

E a sala está se formando...

Mais alguém chega (...)

E outro se vai (...)

Mas você tem de alguma maneira atacar!

Ou será capturado...

Às vezes ganhamos e também perdemos (...)

Mas, lhe pergunto caro leitor ou leitora!

-O que você tem pra perder?

Mentes se confrontam (...)

Como tem de ser...

Alguns mais sábios chamam de "o bom combate" (...)

Tudo isso sobre um campo de batalhas quadriculado...

Sob o olhar da sala que a tudo ver!

Pessoas enganam-se ao pensar serem inatingíveis...

Tentando usar os seus próprios vícios para escapar de si mesmos (...)

E a sala (...). Finalmente se formou (.)

Pessoas trocam ideias no interior desta sala velha, ou velha sala (...)

Que em outrora não tinha nem tanta vida assim...

Mas, hoje não...

Enquanto isso...

Espero por mais uma rodada de ideias diferentes...

Pontos de vista...

Pois para a sala cada um é o que é...

Uns sim, e outros nem tanto (...)

Um forte e incontrolável silêncio se abateu sobre a sala (...)

Poucos se arriscam a falar (o que quer que seja) ...

Enquanto ouvem o antiguíssimo seriado...

Criado por Roberto Gomes Bolanos (Chapolin e o Chaves) ...

Alguém quebra o silêncio, lembrando o cheque mate que vinha a derrubar por terra...

Uma sequência de quatro batalhas vencidas...

Imposta por um imbatível oponente que...

Naquele certo dia estava inspirado...

O tal guerreiro vencido nos campos quadriculados do xadrez...

Logo se retirou com a sua cabeça fervilhando...

Para assistir a uma também alucinante partida de futebol regional (Central x Sport) ...

E a sala se expressa com diferentes pontos de vista...

Diferentes submundos dos seus próprios conscientes...

O supramundo do nosso próprio EU...

Ali sobre aquela enigmática sala...

Que há tempos era e muitas vezes não...

Mais uma vez, tudo era silêncio...

Pensamentos metafísicos ou não...

Um canto se ouve há uma certa distância...

E logo aproxima-se ...

Fogos são estourados em meio a um forte entoado em uníssono...

Era a COMANDO (Torcida Organizada do Central Esporte Club) ...

Velho time da cidade...

A COMANDO se vai...

Mais fogos explodem cidade afora (...)

E a sala se retrai...

Para em seguida se expandir...

Mentes discorrem sobre o que haviam escutado...

Com tão forte ardor...

A sala a tudo escuta...

Pessoas chegam de lugares diferentes...

Pessoas trazem alimentos para a sala...

Com sua alma inchada de tocos de cigarros...

E mais e mais fumaça...

A sala cresce sem controle...

Como se tomasse vida própria...

A sala é impiedosa, não lhe perdoa se você for pobre...

Pobre de cultura...

Pobre de ideais (suas próprias ideias) ...

A sala é mesmo implacável, não lhe perdoa...

Pois os mesmos não mais a alimentam como tinha de ser ...

Falta ideais para transgredir o sistema...

Diferentes mentes; Há! Há! Há!

Nunca irão além de onde tem de ir...

Em um futuro mais que presente...

Que tilinta aos ouvidos da sala...

Com a sua alma em fumaça...

Uma bela e doce voz feminina...

Vem aos meus ouvidos...

Pois já é hora de partir...

Quase que ao mesmo tempo...

A velha e misteriosa sala vai se desintegrando...

Seres tomados por T.H.C se vão..

Outros não mais vêm...

E a sala de repente se esvazia...

E novamente cai sob um silêncio mais que pervertido...

Bem-vindo a sala de fumaça!

AUTOR: O ANDARILHO DAS RUAS

CRÔNICA POÉTICA

EM: 12/03/2008

REFEITA EM: 27/01/2009

O ANDARILHO E A DAMA DA BR

Série: Poesia Anacrônica

Houve um sonho (...)

Ela se materializou!

Era uma mulher, morena, mulata, sentada em uma pedra embaixo de uma grande árvore...

Seus cabelos longos, encaracolados, negros se estendiam por suas costas e também pelos seus seios...

O seu rosto era lindo...

Assim como também...

As belas curvas do seu corpo mulato moreno...

Tinha olhos perigosos, intrigantes e tão fatais quanto veneno...

Tinha uma boca pequena que me nego a afirmar se era doce...

Mas... Que parecia doce eu afirmo plenamente...

Ah! Os seus dentes esbranquiçados reluziam de encontro aos brilhos dos meus olhos...

Tinha pernas exuberantes...

Ela me fala algo...

Nesse instante me acordo...

A manhã já há muito havia chegado...

Me levanto carregando em minha mente a lembrança de um corpo mulato...

Como que mecanicamente tomo café da manhã...

Troco de roupa e vou trabalhar em minhas andanças sem fim...

Em bairro próximo aqui...

Mas, também em outro bairro distante ali...

Vou caminhando tranquilamente cortando rua após rua, prancheta na mão...

Nem aí para o tempo, pois um andarilho não tem patrão...

Só pra matar o tédio começo a contar as ruas, já eram sete...

Viro na oitava rua, eu já avistava a BR.

Às suas margens realmente existia uma grande árvore...

E uma pedra que servia como acento...

Vou me aproximando com passos pequenos...

Com uma visão baixa, curta, me arrisco a decifrar uma forma que ali estava sentada de pernas cruzadas...

Naturalmente vou me aproximando...

Pois era o meu caminho, agora vejo...

Uma mulata, morena de roupas pequenas...

E uma bolsa menor ainda, por sua vez...

Ela ao me ver sorriu...

Não tive mais dúvidas era a dama com a qual sonhei...

Quase que instintivamente me aproximei dando um sonoro "Bom dia! "...

Ela me retribuiu com um "Idem" mais sonoro ainda...

A morena mulata me falara que já havia me avistado em outra ocasião (...)

Respondi na lata!

- Como é possível eu não me recordar?

- Pois uma morena mulata deste nível não se passa em vão, ou não?

Ela sorriu, agradecida pelo elogio...

Enquanto que de sua minúscula bolsa retirava um livro...

Não acreditei!

Além de linda, morena, mulata e extremamente sedutora ela era uma leitora...

O pequeno livro de bolso tinha um título que para o momento era perfeitamente casual...

Pois o emaranhado de letras chamava-se: "O amor espiritual"...

Pedi para que a bela me recitasse alguma estrofe de algum capítulo que ela havia gostado...

Ela me sorriu maliciosamente antes de me responder...

- Faço muitas coisas, mas isto eu não faço!

Também sorri...

O papo a cada instante ficava mais agradável...

Mas, como contrapartida, a manhã já ia alta...

Se tornara tarde, pois o ofício me chamava...

Sou um andarilho e faço do meu trabalho minha própria arte...

Tento me despedir...

Mas, com a vontade de ficar de quem ama...

A bela mulata morena me faz uma indagação:

- Sabes por que estou aqui?

Respondi que não fazia ideia...

Ela olhou em meus olhos e disse:

- Sou uma garota de programa.

Não sei por qual motivo, mas não me surpreendi...

Sentei ao seu lado e conversei um pouco mais com a bela...

Ela se queixava de pequena febre...

Lhe sugeri que fosse para casa...

Ela sorrindo ironicamente me falou:

- Minha casa é a BR...

Sua beleza realmente era convidativa e suas curvas mais ainda...

Os homens que transitavam pelas proximidades...

Não deixavam de a observar...

Ela os retribuía com um sorriso seguido de um enigmático olhar...

Despeço-me mais uma vez, alegando que enquanto eu ficasse ali só iria atrapalhar...

Sem contar que o meu chefe interno não parava de me lembrar...

Que eu ainda tinha que trabalhar...

Levanto-me, ela também levanta-se ...

Alegando que o movimento ali estava fraco, que iria mudar de lugar...

Saímos juntos por aquela manhã pra lá de alta...

E ela não parava de se queixar sobre aquela incômoda febre...

Pensei com os meus botões:

-Mas, como ela mesma afirmou está em casa, afinal a bela estava nas margens da BR ...

Pela terceira vez os despedimos...

Dei-lhe dois beijinhos, um em cada bochecha...

E a promessa de lhe fazer uma crônica como poesia em sua homenagem...

Antes que eu virasse de costas, ela me advertiu:

-Cuidado com o que você vai escrever!

-E não mencione minha febre!

Balancei a cabeça em sinal de positivo...

Enquanto que pensava como era comprida a sua morada...

Afinal ela me falou que sua casa era a BR ...

Com febre ou sem febre...

Essa crônica poética sela o encontro...

De um andarilho com a dama da BR.

AUTOR: O ANDARILHO DAS RUAS

CRÔNICA POÉTICA

EM: 22 & 23/03/2009

UM CAMPO MINADO DE EXCREMENTOS

CRÔNICA DE NÚMERO 04

SÉRIE: Poesia Anacrônica

A terra é fértil a caminho do velho rio...

Porém é um campo minado...

Não se passa por entre estas terras...

Sem ser atingido por uma mina de excrementos...

Por todo lugar onde se olha se vê bombas...

Bombas de excrementos que quando são atingidas...

Por qualquer ser que a pise...

Elas exalam um poderoso odor quase que mortal...

Penetrando em nossas narinas...

E mutilando o nosso pensar...

Nem a fumaça de um cigarro consegue aliviar este infernal odor...

Até mesmo o velho rio Ipojuca passa despercebido por este explosivo odor...

Sobre uma terra de ninguém...

Minada de excrementos...

Ninguém jamais passou sem ser atingido por estas terras...

Condenadas por bombas de fezes pedradas...

Que quando são pisadas mutilam o nosso nariz...

E infectam os nossos pés...

Os caminhos são poucos e estreitos...

Mentes sedentas por fumaça e prazer carnal...

São fáceis vítimas de uma terra fértil, mas...

Podre, imunda, repleta de explosivos fecais...

A cada meio metro você se depara com bombas...

Que não são subterrâneas...

Muito menos escondidas...

Explosivos fecais sobre a velha terra às margens do velho rio "Juca"...

Não se consegue chegar (ao tal rio) ...

Sem ser alvo de bombas pedradas fecais...

Não se passa sem ser atingido por este campo minado de excrementos...

A noite cai...

Mais e mais vítimas, tem suas narinas dilaceradas por este imundo artefato...

Que nunca se acaba...

Todos os dias e noites são depositados mais explosivos...

Homens, crianças, mulheres sempre povoam estas abandonadas terras...

Com novas bombas de excrementos...

Não se passa sem mais um a entrar na lista dos atingidos...

Os animais já não fazem mais esse perigoso caminho...

Por estas desgastadas terras não se chega às margens do segundo rio mais poluído do Brasil...

Sem ser vítima de um campo minado de excrementos...

Aguardarei este dia que não mais haverá bombas pedradas fecais...

Mas enquanto este dia não chega...

Permaneço caminhando por este imundo campo...

Com o solado dos meus velhos sapatos...

Tomados por minas de excrementos...

Certo dia caminhando por estas terras povoadas por excrementos...

Me tornei uma das inúmeras vítimas em dose dupla...

Pois além de ser atingido por estes explosivos de fezes novas...

E muitas das vezes também velhas...

Sofri uma grande baixa...

Não somente os meus solados, mas também um dos membros superiores foi atingido...

Neste maldito campo minado de excrementos...

E eu fui atingido em uma das minhas mãos!

AUTOR: O ANDARILHO DAS RUAS

EM: 13/04/2008 (DOMINGO)

ÀS: 15h05min

O ESPECTRO DO RIO IPOJUCA

(O retorno do fantasma das águas)

Série. Poesia Oculta

Ao bater meia-noite...

Na boca da madrugada...

Ouve-se relatos de uma assombração...

Uma velha nua...

Que das doze às três horas pula de flecheiro no rio mais poluído ...

O terceiro do país...

O velho "Juca"...

Lama e fezes...

Um fedor de dar febre...

Febrônio...

A comunidade relata...

Ter visto uma pessoa envultada...

Se jogar nas podres águas daquele negro rio...

Só de pensar, nobre leitor!

Ou meu caro leitor! Já dá frio (...)

Calafrio...

Uma senhora moradora da área também avistara...

Alguém de cabeça para baixo dentro do tal rio poluído...

Como se plantasse bananeira (...)

Já outra pessoa jurara ter visto alguém dentro do mesmo, fazendo tipo um gargarejo com aquela água negra...

Um odor insuportável (...)

Espuma branca...

Em fedor de podre olho...

A boca, o nariz e os olhos irritados...

Irritação...

Assombração...

Lenda urbana das águas...

Reza a lenda que fora um afogamento por motivo de cachaça...

Cachaceiro...

Encachaçado...

Pulara na água...

Morrera afogado...

Fezes, urinas, peixes e tartarugas deformados...

Deformação...

Desforme...

O piar da coruja...

O fantasma das águas escuras...

Assusta a cidade...

O grito de socorro...

Mas, quando se olha, nada (...)

Apenas o nada de parte a parte...

Em toda parte...

Partido...

Participação...

-Ei! Socorro! (...)

E gritara: Socorro!!!!!!!

E completa:

-Ajuda, por favor!!!!

Apenas o barulho...

Como se alguém pulasse ou fosse empurrado...

Naquelas poluídas águas...

Aguaceiro...

Aguardente...

Negras águas...

Quando os bombeiros foram chamados...

Não avistaram nada...

Limpo local...

Ninguém mais estava...

O retorno do fantasma das águas...

Os bombeiros nos populares deram uma tremenda "butada"...

-Trote é crime! - E completa - Dá cadeia...

Afirma um dos bombeiros, tirando a camisa...

A mesma tinha ganhado um odor tal qual carniça...

A madrugada abre suas pernas para o dia ...

Amanhecera intacta as águas pretas do velho "Juca"...

Até a próxima noite...

Em que pedira certamente ajuda a tal assombração...

O espectro do rio Ipojuca.

AUTOR: O ANDARILHO DAS NOITES

EM: 09/05/2014

ÀS: 09h55min

SEXTA-FEIRA – BOA VISTA I E II

A MORTE DO VAMPIRO DE MELANINA

(A vingança da boneca inflável)

Série: Poesia Oculta

E aquela boneca...

Ganhara vida, aquela criação artificial...

Inflável boneca...

Um viveiro de esperma...

Espermatozoide...

Eliminara o tal vampiro de melanina...

Já ao dia ...

Diapasão...

Lhe jogara água benta fervendo com alho e cebola...

Seu corpo, (...) oitenta por cento fora queimado...

Boneca maldita! (...)

Julgara ter eliminado enquanto dormira...

A tal boneca inflável...

Boneca viva...

Novamente uma Bonecaria...

Uma morta siliconada viva

"Vivard"...

Viúva do seu mestre...

Criatura derrota o seu criador...

Dor e febre...

Mandara o mesmo para o inferno...

Setor: Meridional Agreste...

Onde o diabo é um cangaceiro de chapéu meia lua e cinturão de bala...

Além de uma nas costas, anda com duas espingardas (...)

O vampiro de melanina no meio das almas?

E a boneca a passear e comprar...

Outras bonecas infláveis, só para amar umas às outras...

Homens solitários são os seus alimentos...

Machos de todos os tipos (...)

São sugados e o esperma guardado...

Para dar vida a outra boneca inflável...

Um exército...

Mas, o corpo do vampiro de melanina não entrara no inferno...

Estava suspenso entre mundos (...)

Todo queimado...

Quarto grau, feridas; aquela água benta, fervendo com cebola e alho...

O vampiro desacordado, talvez morto?

No retorno da boneca viva inflável...

À noite os homens solitários já não saiam (...)

As prostitutas e travestis foram expulsos...

Por seres embonecados coisa de outro mundo...

Não mais se prostituíam...

Portanto, sem sua única profissão não mais comiam (...)

Agora, nos pontos da praça só existiam bonecas infladas, caçadoras de sêmen...

Bonecas vivas, comendo e sugando gente...

Agente...

Gentilmente...

Gentil...

Bonecas negras de cabelos tipo vulgarmente tipo: Bombril...

E sem dentes...

Boca esférica...

Tamanho médio...

Média...

Mediador...

Quando o gato sai os ratos fazem a festa...

Sem seu criador...

Liberdade para todas as bonecas...

Ao cair da noite tomara todos os pontos...

Programas com mulheres sem moeda...

Caçando aos poucos homens solitários ou não...

Casados...

Sua paga é o seu esperma...

Sem deixar esfriar...

E assim a vida a outras bonecas infláveis ela dá...

Dado...

Uma cidade inteira tomada por bonecas negras...

Taradas...

Pervertidas...

Beijando homens e mulheres sem compromisso ou comprometidas...

Até mesmo crianças...

Pedofilia...

Pederastia...

A vingança das bonecas vivas...

Uma vida por outra vida (...)

A morte do vampiro de melanina...

O tempo/espaço vai passando...

'Passat...'

Bonecas negras infláveis por toda parte...

Participe...

Mais de um programa...

Mais um jovem entra na dança...

Os homens derramam sangue quando amam...

Amor...

A morte...

Desequilíbrio...

Os demais; humanos sugados...

Lesbianismo inflado...

Bonecas copulando com bonecas...

Na classe vampírica fora dado um alerta...

Uma criação que saíra do controle...

Controlador...

Os vampiros demais, (...) tentam resgatar o corpo do vampiro criador...

Arbitragem desnecessária...

Uma criação desastrada...

Através da magia sexual...

Um coração, (...) lábios orais e vaginais...

Criação artificial...

Que se rebelara...

Cortara também o seu pênis...

Decepara-lhe...

Ou lhe castrara...

Castrador...

A morte de um vampiro...

O retorno do ocultismo...

Ocultista...

Oculto...

Com a morte de umas das suas companheiras...

Em um ritual mágico, sexual; astral...

Magia sexual negra...

Embaixo de um grosso cobertor, lia um enrolado jornal...

Criara uma boneca encantada...

(...) mágica sexual...

Derramara sêmen...

Semestre...

O seu mestre...

Aprisionado...

Decepado...

Um morto escravo...

Com seu pênis pela boneca viva inflável...

Um vampiro eunuco...

Outros mundos...

Bonecas vorazes...

Sugando de parte a parte...

(...) tudo...

De tanto sugar...

O sangue a jorrar...

Jarro...

Jarra...

De um receptáculo fora resgatado...

Em sangue colocado...

Pelos vampiros irmãos...

Irmãs...

Imã...

A ressurreição...

De quem jamais morrera...

Em nenhuma literatura os vampiros, a morte não vencera...

Retornara aquele vampiro de melanina novamente...

Sem pele e sem pênis...

Chegara a noite então saíra as ruas...

(...) Nuas...

Infra ocultas...

Perdido em uma praça...

Abordado por uma boneca viva devassa...

Inflada, (...)

Encantada...

Assexuada...

Mas entrara em sua mente...

Pedira uma informação usara hipnose...

Queria a boneca rainha, (...)

Inflada...

Tarada...

Plastificada, (...) siliconada vampira...

Ressuscitara o vampiro de melanina...

Encontrara a tal boneca viva? (...)

Em um obscuro ponto na esquina? (...)

-Por que você me fez isso? -e completa, -Eu te chupava tanto até ao infinito.

Afirma o vampiro antes de lhe cravar os dentes...

Explosão de silicone e sêmen...

A dor da boneca virara prazer...

Levando todas as outras bonecas a sofrer...

Uma dor inflável...

Resgatara o seu pênis guardado em um vazo...

Vaselina...

Vagina…

O sangue regenera sua pele...

Voltara lá naquele inferno no meridional agreste...

O diabo havia perdido...

Outros espíritos...

A volta do vampiro...

Restaurara o equilíbrio...

Dos outros vampiros...

Prostitutas e travestis...

Voltaram a trabalhar...

A noite depois de meses, (...) chupara o dia ...

Nenhuma boneca viva...

Todas mortas...

O rei Sol vai embora...

Para chegar a amante lua...

Resquícios de bonecas nuas...

Fugara das dentadas...

Exemplares de bonecas taradas...

Infladas...

Não domesticadas...

Putas Selvagens...

Siliconadas; feitas de sémen plastificadas...

Ressuscitara o vampiro das chupadas...

Encontrara e encantara mais uma menina humana viva...

Sangue fresco; (...)

Sem silicone carne, mijo e fezes em altorelevo...

A morte era substituída(...)

O não vivo ressurge (...)

O tal vampiro de melanina.

AUTOR: / Lord Ocult /

EM: 13/05/2014/

Às: 19h19min.

O MUNDO DOS MEGAS

Série: Tutorial Bradockiano

- 'Modi bride' ...

Visualizar...

Ativar USB...

Não é indicado para quem não tem antena...

O telefone não sobe...

Banda larga...

Não entra pela operadora...

Sempre tem uma falha

Agente tem que descobrir

Pelo modulador...

Primário secundário do armário...

(...) USB, (...)

SE DER ERRADO FUDEU

COM ROTEADOR...

MAS TÁ SEM A FONTE...

Para falar nisso é de doze, ou de nove...

Para alimentar...

De dois volts para...

Liga vinte e quatro horas...

Receptor de TV...

NEM A FONTE NEM O CARTÃO...

O cabo HD MI...

Dois megas dedicado...

Dedicado é equivalente a três megas e meio...

Mas ele não sabe mexer na TV...

EM CIMA NO CONTROLE...

BOTE NO HD M.I

FUNÇÃO 'DECODER'...

APERTE.

AUTOR: / A máquina /

O FANTASMA DO NOIADO

(O Ressurgimento e o Declínio do Demônio da Pedra)

Série: Poesia Perdida

E quando cai a tarde...

Tardezinha...

Tardinha...

'Tadinha' da mulher que passava por ali de bobeira...

Levara um tremendo susto

Deram-lhe um bote em sua bolsa ...

Levaram sua carteira...

Pedira socorro...

Mas ninguém lhe atendera...

Tudo deserto...

Ai, meu caro LEITOR ou LEITORA!

A noite chega...

Chegado...

O local ermo era o parque 18 de maio...

Um labirinto de encruzilhadas...

Bancos vazios, barracas...

Jurara ter avistado algo envultado...

Correndo por trás de uma ruela...

Avistara um fantasma no canto do olho...

Avistou-se pela fresta...

Beirando as margens do rio Ipojuca...

O terceiro mais poluído...

Poluição...

Fantasmas das águas...

Negra assombração...

A noite dos 'cão'...

Fecha-se o céu...

Abre-se o chão...

No princípio era o nada...

E a divina providência disse que haja terra, e a terra se fez...

Também existia uma lata...

Ali jogada...

Antes mesmo da invenção...

Na era de Napoleão...

 Da própria lata...

Até que alguém lhe usara...

Para fumar...

Tempos perdidos...

Poesia perdida...

Escritos ocultos, enterrados...

Uma cápsula do tempo...

Temporal...

Temperamental...

As cargas d'águas baixaram...

Embaixada...

Embaixador...

O demônio da pedra voltou...

Voltara...

Volta...

Os viciados todos arrepiados...

Pediram aquela volta...

Eles novamente tinham um Deus torto agora...

Uma concorrência desproporcional por outros pseudo Deuses e sub espíritos...

Um Deus dos vencidos...

Ao fantasma do vicio, (...) Vendidos...

(...) nos olhos uma venda...

Em um mundo viciado, prostituído e imaginário...

Sodomia virtual...

Um Egrégora digital...

Cyberinvocado...

O mestre do vicio...

O pai da preguiça...

Surgira mais um deus de outra pedra...

Se auto proclamara...

Um ser acima do firmamento...

E do magma da terra...

Assumira a forma de um 'noiado' sem um dos braços...

Cabelos raspados...

Altura média...

Carregava em seu bolso OXI a pedra...

"Salve meu veio! "

Levantara dois dos seus magros dedos...

O comprimento fora dado...

O cara alto passara por ele...

Levara consigo metafetamina droga sintética "CRISTAL"...

 Era extremamente magro...

Se camuflara no meio dos doentes viciados...

Articulara uma nova revolução...

Sem dinheiro e sem trabalho...

Só com o apoio de cem por cento de todos os mortos vivos drogados...

Tipo banir a pedra...

Coligar com o 'OXI', (...) liberar junto ao Deus sintético 'CRISTAL'...

(...) Crista...

(...) Clitóris...

E condenar as outras drogas demais...

Salva-guarda, algumas raras, exceções...

Para o os demônios das drogas lícitas, (...) ou pela sociedade liberadas...

Álcool ou cachaça...

Cigarros cigarrilhas e cigarras...

Subespíritos dos comprimidos...

Nascidos nas drogarias ou farmácias...

Assombrações psicanalistas...

Em uma psicose de vencer a polícia...

Pilhar todas as lojas...

Andar para trás em sua vida...

Arrastão, (...) anarquia...

... Sitia a cidade...

Quebrar aquele discurso retórico de conjurar uma enorme pedra de Crack...

Para todos os habitantes fumarem...

(...) Fumar...

(...) Fumo...

(...) Fumaça...

E se aliar com outro demônio promovido ao panteão de um Deus, (...)

... era o da cachaça...

Cachaceiro...

Um deus negro...

Os vícios vêm primeiro...

Primavera...

Primo...

No meio da feira deserta...

Alguns 'noias' evocavam o demônio da pedra...

Descobriram o seu nome...

Uma essência tão antiga...

Se vangloriara de ter viciado alguns personagens da bíblia...

O seu selo fora confeccionado em forma de um lacre...

No seu 'design' de uma possível futura latinha...

Sedentos por almas...

Desalma...

Desalmado...

O demônio dos pedrados...

Atacara viciara uma jovem menina linda que chegara na área...

E começara a barganhar a sua alma...

(...) Amador...

O demônio da pedra retornou...

(...) Retorno...

(...) Retornara...

(...) Retenção...

- Eu tenho aqui umas pedrinhas, você que fumar? E completa, é da boa, sem Maizena nenhuma... –

Afirma com fumaça nos olhos aquele ser espectral...

A menina ainda desconfiada...

O tal ser já lhe ganhara com aquele papo de viciado...

A garota abrira a sua jovem guarda...

Também estava viciada...

Fugira de casa...

Já tinha roubado tudo de lá...

Sua mãe não aguentara...

Teve um ataque de nervos...

Também fugira de casa...

Ficara apenas com o pai que também fumara...

A pedra...

Ele abusara dela...

Pediu uma 'chupadinha'...

Para poder dividir a pedra...

O seu pênis flácido...

Tentara colocar em sua boca...

Ela fingindo gostar...

Aceitar...

mordera-lhe a sua debaixo cabeça...

A cara de tanta dor desmaiara...

Sangue nas em suas calças...

Pegara a pedra...

E fumara...

No cigarro pela metade...

O "capeta" reinara...

Se mandou...

O seu corpo delgado...

Cansado...

Viciado...

Chegara como carne nova...

Mais uma puta nova...

(...) Novinha...

Uma escrava branca da pedra...

Baixara lá no parque dezoito de maio...

Muitos o chamara de: o parque dos viciados...

A 'Walking Dead' daquela cidade com mortos-vivos 'noiados' por toda parte...

Roubando...

Furtando...

De parte a parte...

... Partilha...

... Padilha...

- "Dez conto! E completa, tô feito! " - Já dera para adquirir a tal 'pedrinha'...

O morto 'noia'...

Conjura o demônio da pedra...

Ao tragar na lata...

O inferno da lata...

Os viciados até em sonho a pedra fumara...

Sonhara com ele que fora elevado pelo aumento do número dos viciados...

Ao status de algo divino ou subdivino...

Um Deus clandestino...

O vicio comanda o seu destino? (...)

Desde a origem dos seres bípede, o homem já se viciara em algo ou alguma coisa...

Enquanto a menina se arriscara a tragar naquela lata...

O demônio da pedra em seus magros seios e partes íntimas apalpara...

Descera o seu sujo 'short' e sua imensa língua em seu baixo frente colocara...

Sentira o seu forte odor de dias...

O demônio da pedra com aquele fedor de peixe podre vibrara...

(...) Delirava...

(...) Delírio...

(...) Delirar...

(...) Sorria...

Não havia dentes em sua boca...

Apenas um vazio...

Um vácuo...

Um receptáculo de fumaça...

Havia também um forte cheiro ou odor de cachaça...

Um poço de álcool...

Alcoólatra...

Alcoolismo...

Preste a acontecer o que nenhum Deus ou Deusa conseguira prever...

O demônio da pedra, com o demônio do 'OXI' brigara...

Desentendimentos...

Sentimentos...

O 'OXI' de tão forte tira dos 'noias' de plantão a vontade de tomar cachaça...

Uma maldição enfumaçada virara...

Os pulmões pretos...

E nada no "Figueiredo"

A morte só dará os pontos ao demônio da pedra OXI...

O demônio da cachaça...

Com tudo isso se irritara...

(...) Irritação...

(...) Irritado...

Travara uma imensa luta interna...

O demônio da nova 'noia' contra do demônio do álcool...

O mal contra o mal...

Gera o bem...

Em um curto e ilusório bem-estar...

O demônio da pedra com um só braço o seu oponente afogara...

Em um enorme receptáculo de cachaça...

Apenas com um braço...

Pois aquele tal subespírito estava embriagado...

Fora para o limbo dos chapados...

Ébrios danados...

Só pele e osso de tão magro...

Dentro daquele corpo não existira mais nada...

 Todos os órgãos perfurados...

Os pulmões atrofiados...

Ainda assim, lá habitava uma alma...

De apenas mais um viciado...

Mas quem era este jovem possuído? (...)

(...) Perturbado?

(...) Perturbador...

(...) Tomado...

Por um espírito enfumaçado...

Um gênio da lata...

Um Deus invasor...

Ele vai aonde ele for...

Não parara de fumar pedra, desde que ele baixou...

(...) Baixo...

'pedira-lhe a alma...

Mesmo na hora da tragada a jovem dera para trás...

A pedra vai ao chão...

Se fragmenta...

(...) Ali jaz...

A jovem sai em disparada...

Deixara o tal demônio com os seus fantasmas da pedra lascada...

Sem pedra e sem alma...

Se autocriticara...

Que não era mais o mesmo...

Tinha perdido o tato depois de tantos janeiros...

Se passaram anos...

A cidade toda tomada por outros demônios, Deuses, e sub fantasmas...

Algo que ele temia, (...) havia acontecido...

O demônio da pedra estava sendo esquecido...

Sofrera um golpe...

Pois nesta dimensão penetrara outra entidade...

Era o Deus da pedra 'CRISTAL' transfigurada com outras propriedades mágicas...

Uma droga muito mais viciada...

(...) Viciante...

(...). Vicio...

Chegara na área outro subespírito com nomenclatura de um Deus...

E o seu povo? (...)

Discípulos do oco...

... Da pedra "Oxi"...

Um subproduto concebido da COCAÍNA, (...) Cal, querosene e gasolina...

Devastadora, vicia mais rápido ainda...

Agora adoram outro ser mental...

O ex demônio elevado a um Deus da metanfetamina a droga; 'CRISTAL'...

Levara para o vício em si, (...) todos os seus adoradores da pedra doce...

Um subespírito sintético...

Possui os seus escravos viciados...

Cheirada, (...) fumada e injetada...

Só engrandece...

O Deus dos viciados...

Deuses entorpecidos...

Um buraco negro...

O vício dos vícios...

O demônio dos desejos...

... Sexuais...

O demônio da pedra agora um Deus já fora completamente esquecido...

O Deus do ostracismo...

Sem culto...

Agora reina a fumaça preta do OXI...

Enfumaçado misticismo...

Era o total declínio do Deus/demônio da pedra...

Uma morte certa...

pergunto-lhe meu nobre LEITOR ou cara LEITORA! e agora?

(...) já sem força alguma se desfazia no tempo/espaço...

Desmaterializado...

Aquele noiado Egrégora...

Se dissipando...

Para um interior de uma lata voltara...

Tão fraco...

Desalmado...

Retornara mais uma vez ao seu receptáculo/prisão...

Extremamente esquecido, (...)

Outros vícios...

Aquele mesmo ser que se vangloriara de que fora sua essência que viciara Adão...

Morrera o Deus/cão? (...)

Guardado em uma lata...

Enquanto os ex demônios da pedra "OXI" e o sintético Deus 'CRISTAL',

O vício em todas as sociedades, desde as suas origens matam a pau...

O mundo nos dias de um futuro próximo, mais parece que para trás dará voltas...

Em algum canto, em uma velha construção abandonada...

Alguém avistara uma lata, (...)

Levara a altura da boca, uma pedrinha amarelada...

E sem poder se controlar, (...) fogo botara...

(...) Tragara a mesma...

Exalara aos céus o cheiro doce da borracha queimada...

Liberando-o aquela coisa sempre ao fumar, (...) torcia fumaça no ar, (...)

Soltara um demônio/Deus por aí a fora, (...) E fora vagar mais um morto 'noiado' embora.

AUTOR: O Deus dos Maníacos

EM: 14/05/2014/

ÀS: 17H12MIN.

/ATRASADO PARA UM ENCONTRO/

POESIA ÀS MARGENS DE UM RIO NEGRO, ENTRE a FUMAÇA E A PEDRA

Rio Ipojuca!

Tuas águas são tão negras e espumantes...

Não por algum fenômeno imposto pela natureza...

E sim por toda a poluição que emana desta sociedade (sistema) ...

Que só resolvem os problemas do próprio sistema (sociedade) ...

Ah, velho Juca!

Em outrora eras limpo, claro...

Um verdadeiro palco aquático desta mesma sociedade (sistema) ...

Que te condena a esta podridão de dejetos...

Oh, negro Juca!

És agora um divisor entre a fumaça e a pedra que vira brasa...

Do outro lado da margem deste rio que exala todo fedor insuportável que vem de mim.

Que vem de você...

Que vem de todos nós...

Milhares de excrementos evacuados de uma sociedade podre, poluída...

Mas, não podre e poluída de dejetos...

E sim de mentalidade...

Uma sociedade morta, fúnebre...

Que fecha os seus olhos em meio a este negro rio...

Lar de alguns poucos peixes sobreviventes de tamanha podridão...

Tartarugas são capturadas deste imundo rio...

Para servir como tira gosto em micros churrasqueiras...

As suas margens exalam um fortíssimo odor de lama...

Que por fim retorna para dentro das narinas das mesmas pessoas que compõe esta mesma sociedade (sistema) que polui o negro rio Juca...

Enquanto ele e seus colegas tragam toda a fumaça misturada com o odor de lama podre...

Que exala do negro Ipojuca...

Observam atentamente a pedra pegar fogo, virar brasa...

E rapidamente desintegrar...

Logo sendo substituída por outra pedra...

E assim sucessivamente...

Alguém ao seu lado lhe faz uma confissão...

-Vou me tornar um ótimo eletricista de auto! - Enquanto tragava fumaça e lama...

Outro diz que quer fazer faculdade...

Todos veem um bom futuro por sua frente...

Mas, lhes perguntam:

-E aquelas crianças que colocam fogo na pedra?

-O que pensam elas (as crianças)?

-Tem algum futuro em mente?

-O que elas vão ser quando crescer?

Logo escuta alguém ao seu lado dizer:

-Conheço um moleque daqueles!

Que está ali do outro lado da margem deste rio...

Certa vez ele falou depois de implorar pela quantia de R$ 1,00 para inteirar a pedra...

Que seu sonho era possuir uma arma...

Neste momento se sente uma enorme sensação de revolta, indignação...

Mas o que fazer?

Além de fazer a própria parte...

Onde está a parte de toda sociedade (sistema)?

Nesta hora, todos refletem silenciosamente...

Sobre as margens do 3º rio mais poluído do Brasil...

Pura poesia as margens de um rio negro...

Entre a fumaça e a pedra.

AUTOR: "O ANDARILHO DAS RUAS"

A COISA QUE HABITA NO INTERIOR DOS CANOS

(O Fantasma das Águas – Parte III)

Série: Poesia Oculta

Naquela casa...

Casarão...

À noite...

Jogando baralho, buraco...

Dará aquele blefe...

Deitada a carta...

Valete de espadas...

Trinta e três de espadas...

Ganhara o jogo...

No sufoco...

Mas ganhara...

-Vamos, tire sua roupa!

E completa: também o sutiã e a calcinha...

Vera relutara, mas ela havia perdido...

Era uma mulher de palavra...

E quando ainda estava descendo sua saia...

Um baralho na cozinha (...)

Uma torneira começara a pingar...

Pingo...

Pingueira...

Nos canos a maior zoada...

Zoeira...

Tipo um aguaceiro descendo das telhas...

Quando Jack fora olhar, não era nada...

Nem vento, nem tão pouco água...

Aguado...

A coroa Vera retoma o seu "strip-tease"...

Pois tinha que pagar aquela quente e sexy aposta...

Apostador...

Apóstolo...

Apostasia...

A esta altura Jack já estava subindo pelas paredes...

Emparedado...

O seu membro em sólido estado...

E Vera, loira linda...

Em uma dança meio desengonçada...

Ameaçara tirar a calcinha...

Descera uma tira ainda...

Mas, não tirara...

Jack vai à loucura...

Era sua mais nova namorada...

Uma linda mulher madura...

Não aparentava a sua idade...

Uma loba de verdade...

Verdadeiro...

Uma música tocara...

Um "love metal" rolara...

Mas, os canos daquela casa novamente chiaram...

Em um barulho infernal...

Até os vizinhos acordaram...

Alguma coisa corria por entre os canos daquela casa...

O fantasma das águas?

Uma longa encanação...

Um barulho ensurdecedor...

Vera e Jack perdem o clima...

Crisma...

E saem na captura pelos cômodos...

Apenas os dois no interior daquela casa...

Casão...

Casarão...

Portas e mais portas, dois banheiros...

Uma banheira...

O piso de azulejo...

Reluzia...

Amor e agonia...

Reluz...

-Deve ser o vento nos canos –justifica Jack...

-Talvez –hesita Vera...

-Vamos ter que dar uma olhada...

-Você vem comigo?

Indaga Jack pegando na mão de Vera...

-Vamos sim! Tem que ir. – E completa: - E pensar que tava tão gostoso, tão bom!

Os dois saem por aquela grande casa...

Foram em seus quatro quartos, nos dois banheiros...

Na banheira amarelada...

Deram uma olhada...

Quintal, varanda...

Em um acesso mediúnico...

Visão do outro mundo, Vera avistara...

Um cadáver na banheira...

Era um antigo morador, bêbado solitário...

Morrera afogado depois de desfalecer com quarenta doses de uísque nacionalizado...

O álcool fizera a sua parte...

Morrera alcoolizado, afogado...

Vera avistara...

Seu parceiro Jack não entendera nada...

Aquela que seria uma noite de amor e cartas...

Virara uma madrugada fantasma...

O espectro das águas...

Mas, quando olhara novamente não encontrara nada...

Não avistaram mais nada...

Se dissipara o nada...

Mas, escutaram...

Aquele que habita o nada...

-Jack olha! Tá escutando? Me parece um barulho que vem de longe, escuta!

Aguçou os ouvidos...

Os dois ali, um ao lado do outro só a escutar...

Escuta...

Escultura...

Era um barulho que vinha de longe...

E vinha se aproximando...

Um som demoníaco, infinito...

Mais parecia todo o ferro do mundo retorcido...

Uma zoada tão monstruosa, que Vera com os dois ouvidos estourados fora ao chão...

Jack sem entender, não sabia o que fazer...

Havia sangue em seus tímpanos...

Também se joga no chão...

Sofrera também o ataque astral...

Fantasmagórico...

A assombração da velha encanação...

Encarnação...

Reencarnação...

Obsidiado...

Obsessão...

O fantasma do sistema hidráulico...

Aterroriza com propósito...

E depois que o subespírito foi embora...

Subira um forte odor de enxofre com um grande teor alcoólico (...)

Alcoólatra...

Por aquele instante fora embora...

Mas, logo voltará...

A assombração das águas (...)

Aquático...

Aquática...

O fantasma das águas que habita aquela encanação...

Encanamento...

Canos de ferro oxidados...

Ferro velho...

Sistema de água...

Um complexo...

Emaranhado...

Canos e mais canos entrelaçados...

Entrelace...

A casa atormentada pelo fantasma das águas...

A casa...

A madrugada se vai...

Lá vem a aurora...

O sol chega...

Aquela assombrada noite fora embora...

Jack acordara...

Sozinho...

Sem sua senhora...

-Vera? Cadê você galega?

E completa – Oh, Vera!

Ela não mais estava...

Jack então notara...

Eles haviam desmaiado bem ao lado...

Daquela velha banheira amarelada...

Teria sido Vera cooptada?

Abduzida?

Sequestrada?

Arrematada?

Por aquela coisa que habita o interior dos canos...

O fantasma das águas...

Pegara-lhe? (...)

Por aquela mesma velha e amarelada banheira...

Se manifestara em uma forma líquida...

Aquele espírito ou sub espírito (...)

Das águas...

E Vera levara consigo (...)

Para dentro dos canos envelhecidos...

Levara a loba Vera de corpo e alma...

Vera levara...

Jack se desesperara...

Na banheira encontrara uma peça de suas vestes sexys...

Era a primeira noite do casal...

Novamente passara mal...

Maldade...

Tempos depois acordara em um sanatório...

Estava louco de verdade...

Só falara uma frase, tipo um mantra de parte a parte...

Vera tá presa nos canos! E completa novamente. Vera tá presa nos canos (...)

Assim repetia dia e noite...

Sem parar...

Até a hora dos médicos lhe sedarem...

Quando passara na enfermaria entrara em pânico ao avistar os canos...

Lutara com os enfermeiros de uma porrada levara ao chão...

Caíra desacordado...

Saíra correndo, seguindo os sons que vinham dos canos...

Transpassara a vidraça, fora ao chão...

Estava no terceiro andar...

Os canos silenciaram bem ao lado da janela...

Jack quebrara o pescoço e as pernas (...)

No pátio do sanatório sangue e fraturados ossos expostos...

Um enfermeiro jurara também ter escutado uma voz feminina por dentro dos canos, gritara por socorro.

AUTOR: O ESCRITOR FANTASMA

EM: 17/05/2014

ÀS: 09h22min

(DOMINGO/FEIRA LIVRE DO SÃO JOÃO DA ESCÓCIA)

A LOIRA DA FARMÁCIA

Série:) Poesia Oculta (

Passando de bobeira (...)

Por aquela pequena farmácia...

Irregulares calçadas...

Calçadão...

Aquela velha rua...

De mão única...

Os seus olhos lhe deram um tapa de luva...

'Luvada'...

Linda, loira em pé por trás do balcão da farmácia...

De frente ao ponto dos taxistas...

Todos dormem junto ao volante...

Na noite que a madrugada se anuncia...

Não resistira...

Voltara à farmácia...

Adentrou...

Mas, a loira não mais estava...

Olhos de caçador...

Procurou e procurou...

O canto mais limpo...

Nos fundos da farmácia; Por entre as prateleiras de remédios...

Uma pessoa envultada avistara...

Como uma voz vindoura lá do infinito...

-Posso ajudar? – Indaga a tal voz...

-Pode sim! – Retruca o provável freguês...

Na esperança de avistar a loira da farmácia por sua vez...

Outra vez...

-Você tem algum comprimido para dor? – Indagara o suposto cliente...

-Que tipo de dor? – Retruca a voz por entre as prateleiras...

"Dor no coração! " – Pensara consigo mesmo...

Mas, falara que era uma simples dor de cabeça...

-Já pensou em ir ao oculista?

Indaga querendo ajudar a tal voz incubada...

Aquele jovem encostado no balcão de vidro da farmácia...

Contempla a sua própria forma...

Retira seus óculos de lentes grossas...

"Se eu não falar agora, talvez nunca mais tenha coragem ou oportunidade,

Quando eu for embora"...

Pensara consigo mesmo...

Engolira a seco e disparou:

-Você é muito bonita! Qual é o seu nome? –Indagara o jovem...

-Não tenho mais nome...

 E completa: - Também já fui muito formosa!

Eu tinha o corpo bonito, definido, quando passava eles gritavam: "gostosa! "

Mas, já há muito não sou mais... -

-Como assim? –Indaga confuso...

Aquela voz se calara...

Então sentira um arrepio na espinha...

Um vento frio do nada soprara; se apagara e voltara á lâmpada da tal farmácia...

Fora quando adentrou um senhor de bata branca e barba...

-Posso ajudar meu jovem?

-Não! Ou, sim! E completa confuso,

 Já pedi a galega um remédio para dor de cabeça... -

-Galega! – Indaga com espanto o senhor, E completa, não tem nenhuma galega aqui!

-Olhe meu jovem! Não tem nada... -

Mostra o senhor já por trás das prateleiras...

-Mas eu falei com ela, agorinha mesmo! -

Afirma o jovem nervoso...

Em seus olhos pairava o medo...

Medonho...

-É verdade senhor, insiste incrédulo o rapaz,

-Olhe! Parece-me aquela ali do quadro!

É ela mesmo! Conheci pelo cabelo loiro cacheado... -

O senhor caíra no pranto...

-Meu jovem esta era minha única filha...

-Era? -Retruca espantado o possível freguês...

-Sim! Ela fora assassinada há mais de um ano...

Vítima de assalto à mão armada...

Aqui mesmo, no interior desta pequena farmácia (...) -

O senhor continuara a chorar de cabeça baixa...

No balcão de vidro caíram suas lágrimas...

O jovem saíra sem ser percebido...

Broxado...

Assustado...

O "bote" do amor dera errado...

Pois o mesmo havia paquerado um espírito.

AUTOR: /O ESCRIBA ANÔNIMO/

EM: 18/07/2014

ÀS: 07h34min

(FEIRA DA BOA VISTA II – SEXTA)

AS MENINAS DO VIADUTO

Série: Outras Poesias

Elas parecem ser amigas, parceiras de uma vida...

Viaduto...

Hibridas...

Meninas que se passam como adultos...

Adultas...

Adúlteras...

Pois já tem cada uma, um homem em suas quebradas...

Corpo delgado...

Boca murcha...

Desdentada...

Mas, um traseiro...

De causar inveja...

Nas garotas mais malhadas...

De academia, mais parecem umas ratas...

Fazendo ponto lá debaixo do viaduto da estrada...

BR...

Ali parada sob o sol de meio dia ...

Às vezes uma correndo atrás da outra...

Tipo brincadeira de criancinha (...)

Criança...

Corpo jovial...

Mas, a dentição...

E os traços de sofrimento, espantam...

Espantalho...

A fome por sexo vive ali do lado...

Labirinto...

O suor descendo...

Veneno...

Ali parada...

Short ou curta saia...

Mais um top...

-E aí? Vai gatinho?

-Hoje não! –Diz um transeunte qualquer...

-Oi coroa! Tá a fim? –Indaga a falsa novinha...

-Quanto é? –Indaga mais um transeunte...

-Vinte conto. – Afirma uma das meninas, já embaixo daquele viaduto...

A luz abordar...

Já fazendo "bolinho" ou o seu membro flácido a apalpar...

-Bora lá tiozinho! –E completa –uma chupadinha, bora!

Convida eufórica uma das meninas do viaduto...

O senhor olha para ambos os lados...

E desce na frente...

E a novinha com cara de velha em seguida...

Vão aos matos na beira da pista...

Pistola...

Pistoleiro...

Epístola...

Pouco tempo depois...

Emerge do médio matagal...

A falsa novinha em disparada...

E o velho atrás com suas calças ainda pelos joelhos...

Minha carteira! Ela roubou minha carteira!

O velho vai ao chão...

A novinha cruza o viaduto e desaparece...

Em meio a contramão...

O senhor fica por ali...

E vai embora sem prestar nenhuma queixa...

Pois não teria "cara" para isso...

Roubado por uma prostituta, próximo ao viaduto...

O que suas netas e netos achariam disso?

Um tempo depois...

Ela volta novamente...

Sorriso largo, sem dentes (...)

Para se misturar com as outras até o sol baixar...

Ai meu caro leitor e leitora!

A mãe noite abre suas pernas...

Cola...

Crack...

Cachaça...

Cigarro...

Os parceiros gigolôs vêm a cavalo...

Para gastar o dinheiro das falsas novinhas...

Dinheiro suado...

Gozado...

Batalhado durante todo o dia ...

Sob o viaduto, drogas, sexo, até amanhecer o dia (...)

As meninas daquele viaduto são falsas novinhas...

Só a espera de quem vier...

Homens solitários...

Ou mulher...

Os carros vêm e vão...

Buzinando ao se aproximar das prostitutas sem banho...

Sem sandálias...

Mesmo assim, mais outro cliente...

Mão na boca para negociar, sem mostrar a ausência dos dentes...

O sol esquenta o asfalto sob os pés descalços...

Sem camisinha ou com camisinha o perigo das DST...

Passa rente sob aquele viaduto que mais parece uma enorme cama quente.

AUTOR: O ANDARILHO DAS RUAS

EM: 25/07/2014

ÀS: 07h50min. (BOA VISTA II)

FANTASMAGORIA

1º Livro Bradockiano de Poesias Ocultas

Livros negros, malvisto (...)

Alá Augusto dos Anjos; poeta maldito...

Desolado, mas...

Tudo com propósito! Enquanto faço meu caminho em sintonia com o macrocosmos (...)

Sempre que deito minha consciência na cama...

Penso, mentalizo, materializo, a Grande Literatura 'Bradockiana' (...)

Que transita por todas as dimensões...

Alegorias que falam de um céu e também de um inferno...

Portais e sub portais em mundos paralelos (...)

Com seus fantasmas arrastando correntes, entorpecidos...

Um limbo dentro de outro limbo...

Lugar místico oculto dos poetas esquecidos (...)

Mestres injustiçados, senhores do ostracismo...

E o que está em baixo...

Também está em cima...

O que está fora...

Está dentro...

O que está aqui também está do outro lado (...)

Literatura oculta, poetas marginalizados...

Socialismo mágico, poemas esquecidos...

No universo dos poetas abandonados...

Livros velhos desprezados...

A espera de um leitor para evocar a "Fantasmagoria"...

Dos antigos anciões literatos, arcaicos espíritos aprisionados dentro dos livros empoeirados (...)

Mas, faço uma nobre advertência ao caro leitor desavisado (...)

Nunca! Jamais abra tal livro velho sem um círculo mágico...

Ou do contrário, o ingênuo leitor terá sua alma feita em pedaços...

Passando a ser do homem médio...

A um possesso, lunático, obsessor ou obcecado...

Entretanto, mais uma vez com o poder do microcosmos...

Trace um círculo mágico (...)

Que ouça aqueles que têm ouvidos de ouvir – os verdadeiros iniciados...

Ou do contrário, será sempre um homem vulgar...

Aí, meu caro leitor! (...)

É melhor deixar esses velhos e ocultos livros fechados...

Lacrados, para além dos seres humanos, medianos...

Homens profanos (...)

Além dos sonhos...

Mas...

Aquele que dispor de sabedoria e coragem irá folhear...

FANTASMAGORIA – O primeiro livro de poemas ocultos "Bradockianos".

AUTOR: O ANDARILHO DOS CEMITÉRIOS

EM: 17/08/2009

O RECEPTÁCULO DE ESPÍRITOS

2º Livro Bradockiano de Poesias Ocultas

Existe uma alcova apenas com um portal...

Com altura média que parte do chão...

Fiz dele um receptáculo de espectros...

Um lacre com água e sabão...

Aprisionando um fantasma tirado de um grimório, um livro sem evocação...

No piso da alcova tracei com um spray um hexagrama para o espírito não mais sair...

Um receptáculo fantasmagórico a chave de Salomão e o espectro se fez pronunciar...

Era um espírito culto, fazia parte do elemento ar...

E a consciência inteligente dialogou (...)

Tenho o domínio das letras...

E por consequência sou parte da literatura universal...

Tenho o dom da escrita, das noites e não dos dias...

Posso lhe passar todo o meu conhecimento...

O oculto vem pelo vento...

Tire o lacre...

Faça uma abertura na chave...

E desfaça o círculo de sal...

Pois sou um andarilho do mundo dos literatos...

Sou o que sou...

Pois tenho a escrita ao meu lado...

Só precisa me libertar...

E um renomado escritor lhe faço...

Darei dinheiro...

Reconhecimento...

E jamais conhecerás o fracasso...

Serás um "DEUS" no mundo dos literatos...

Só é necessário romper o lacre mágico...

Mas...

-Quem é você?

-E de onde vens?

-Qual é o seu nome?

-Sou todos os "pseudos" em apenas um...

-Venho de muitos lugares e de lugar nenhum...

-Então sou como sou...

-Mas... Também sou um escritor, sou respeitado e temido...

-E novamente sou um deus que habita os interiores dos livros (...)

E por um momento lhe dei ouvidos...

Logo em seguida pensei comigo...

Fazer um trato com esta entidade e perder o espírito...

Para outro espírito...

Em troca de uma literatura consagrada...

Fazer um pacto...

Soltar o espectro...

Em troca perder a alma...

Recitei-lhe um forte esconjuro...

O odor de enxofre reinou...

Uma caneta foi ao chão, fragmentou-se...

O elemento ar manifestou-se...

As velas apagaram-se...

E o espírito pipocou no interior do receptáculo...

Voltou para a sua dimensão esconjurado...

Então, fechei o segundo livro Bradockiano de poesias ocultas...

Com um negro e forte cadeado...

Mais uma tranca mágica...

O velho grimório...

Está lacrado.

AUTOR: O ANDARILHO DOS CEMITÉRIOS

EM: 30/03/2010

A CASA ou O ATAQUE ASTRAL

(O Retorno do Demônio da Parede)

Série:)Poesia Oculta(

-Vamos! Abra a bunda e tire a...

-Tire a merda do cu...

Exclama a velha Potilha enquanto faz a comida...

Ataque astral primeira linha...

-Ele fica com a própria filha...

-E depois fica gritando na minha cabeça...

-Eu vou ligar para o 190 da polícia...

-Maldito! –Exclama outra vez a senhora batendo a carne...

E a casa, meu caro leitor, que mais parece estar viva...

Vivaldi...

Alguma coisa vaga pelas paredes...

Tornando a casa um receptáculo de toda a vizinhança...

A idosa Potilha escuta tudo...

Mas, as coisas vão mais além, cara leitora...

Vozes astrais...

Ataques espirituais...

Ecos do outro mundo...

Vozes do inferno...

Bate e volta na cabeça da velha Potilha...

Tipo martelo...

Sussurros eróticos, conversas baixas sobre sexo...

Planos secretos...

Articulações de um assassinato passional...

A senhora escutara tudo...

E xingava...

Xingamento...

Ocultas, escuta-se palavras pela torneira...

Tormento...

Envenenar a comida, veneno...

-Eita inferno! –Exclama outra vez a velha. –Só pensa em sexo...

Ela vai matar o marido para ficar com a sua pensão...

E completa: -Isso é uma safada! Safadona...

Botadora de ponta...

As paredes tem ouvidos, e repercutem...

Repercutir...

Repercussão...

Pela rachadura algo a lhe olhar...

Passeia pela salina...

As paredes velhas...

De décadas...

Sem reforma...

Mas, seus filhos a pintaram, um provisório reboco...

Cimento pedrado...

Mas, na casa adormecida despertaram algo...

Alguma coisa...

Anda pelas paredes, sugando...

Vampirizando...

Todo tipo de conversa...

Brigas familiares...

Diálogos subliminares...

Dona Potilha escutara mais uma:

Um romance da filha de sicrano com um novo padre...

As paredes da sua velha casa lhe deixam de tudo e todos a parte...

Partido...

Partilha...

Conversa longínqua...

Levadas pelo vento...

Que sopra sobre as telhas velhas e quebradas telhas...

Vão parar em seus aguçados ouvidos e dentro de sua cabeça...

Felicidades...

Tristezas...

A casa lhe fala...

Falange...

Falador...

Potilha já ouvira todo aquele lamento de beltrano que se matou...

Suicida...

Espiritual "zinca"...

Zincador...

Pelas velhas e rachadas paredes alguma coisa passou...

'Passat'...

Passara...

Passas...

Passear...

Tantas coisas que lhe dão falta de ar...

Por um momento...

Todas as paredes a doma Potilha tinham algo a confessar...

A senhora se deixara observar por aquela coisa...

Aquilo passara a dinamizar...

Sua baixa energia atingira um tal nível de concentração que começara a lhe vampirizar...

Escravizar...

Obsidiar...

Observar...

Aquilo passara a existir simultaneamente em vários subplanos diversos no astral...

-Ela vai para o quarto toda quartuda. –E completa –enquanto lava roupa naquele baixo lavador...

-Aquele velho nojento vai atrás para lhe comer a bunda...

Ataca mais uma vez aquela influencia hostil de grande poder oculto...

Dia após dia tomara forma...

Tanta forma sólida...

Criara um corpo etérico...

Outra vez alguma coisa a lhe observar pelos buracos deixados pelos pregos...

Fendas deixadas pelos armadores de redes...

Ele havia voltado...

Estava pela casa...

O retorno do demônio da parede...

Ressurgido pelo pensamento em quem já descansava...

Corpo de desejos...

"Fantasmata"...

Mediunidade...

Retornara mais sedento ainda, preso a mente daquela inofensiva velhinha...

Que não mais conseguia os afazeres de casa terminar...

Só a escutar e repercutir...

Conversas alheias ditas e não ditas que ainda estão por vir...

Agora mais agressivo tomara a forma de uma enorme mancha negra...

Tipo marca d'água passeava pelas paredes sujas e velhas daquela casa...

Casarão...

Projeções desta entidade o plano astral vem a intensidade...

Baixa natureza...

A cada dia a mancha em um lugar diferente da casa ressurgia...

Invadindo o plexo cervical...

Os seus chacras...

Distúrbios de uma terrestre ecologia (...)

Ideias paralelas...

Atormentara a cabeça da velha...

Velhaco...

Velharia...

A morte do dia...

A ressurreição da noite ficara em silencio por dois segundos...

Fofocas de outros mundos...

Aquele ser trouxe...

Os seus filhos preocupados lacraram as portas com um enorme cadeado...

Cadeia...

Casa...

Caixão/gaveta...

Não liberdade...

Negativo foco de vontade...

Na casa se formara um egrégora...

Fizeram uma reunião...

Optaram por uma possível internação...

Mas, desistiram...

A senhora Potilha a cada dia piorava...

A noite tagarelava...

Tipo metralhadora...

Metralha...

A mancha negra a noite tomava toda a casa...

As paredes sombreadas...

As lâmpadas acendiam e apagavam...

Por conta própria...

Não mais dormira...

Respondendo bravamente...

As ofensivas das vozes vizinhas...

Vizinhança...

Deitada na cama...

De uma súbita vontade o seu corpo inflama...

As vozes lhe pediam para se masturbar...

Para aquele autômato expandir até não mais aguentar...

E em outro plano se fortificar ao amanhecer...

Obsidiada...

Acabada após todo aquele ato masturbatório...

Decomposição dos astrais corpos...

Sem querer mais comer...

Não tinha mais o que comer (...)

Pedia pela janela da porta, os filhos longe...

Não mais a visitavam...

Dona Potilha abandonada...

E pelos vizinhos solidários era ajudada...

Aqueles, meu caro leitor, que a idosa tanto brigava...

Falava...

Retrucava...

Esculachava...

A casa suja...

Desmantelada...

Possuída...

Obsidiada...

Astral larva...

Em seu retorno o demônio da parede atacara...

Como um caçador ataca a caça...

-Eles não nasceram, foram cagados –e completa aos berros, a velha Potilha.

Eles são do cabaré de "Manicura". É três, quatro, cinco, seis em uma cama só...

-Vivem do resto da minha comida e da água da minha latrina...

Dona Potilha se esvai durante o sono...

Em imissões involuntárias (...)

Atormentada por um foco de força mágica...

Hipertensões magnéticas...

Sofrera inúmeras convulsões durante o seu perturbado sono...

Barulhos estranhos pela casa...

A noite se escuta; vivos gritos e barulhos de telhas sendo quebradas...

Quebranto...

Os vizinhos não mais dormiram todos imobilizados...

Preocupados...

Com os sons que proviam daquela casa...

Sua frente era doentia, as paredes rachadas...

Mofadas...

Sem tinta nenhuma...

As portas oxidadas, correntes e cadeados oxidados...

Vidro quebrado...

Mas, colados com fita adesiva...

O insuportável odor de carne podre se sentia...

Vinha do interior da casa, afirmavam vizinhos e vizinhas...

Nem um gato ou gata por aquelas telhas namoravam...

Aquela casa por dona Potilha habitada...

A casa da ponta da rua ganhara a sombria fama de casa mal-assombrada...

As crianças mais levadas pedras atiravam (...)

E dona Potilha da janelinha da trancada porta a reclamar...

-Vocês não têm mãe não? – e completa desvairada, – Seus diabinhos...

Os moleques mais que trelosos retrucam:

-Temos não! – e completam: -E a senhora?

-Vão para a "p"...

Exclama já sem voz a furiosa idosa...

Da rua inteira pelas mãos dos moleques virara motivo de chacota...

Pirralhos vinham zombar de outras ruas próximas...

Manhã enevoada...

Alguém batera na porta (...)

-Mãe! Oh mãe! –exclama uma jovem...

Já cansada e sem paciência de tanto bater...

A massa do vidro emendado vai ao chão...

A janela abre-se...

Um rosto enrugado (...)

Cabelos grisalhos...

-Quem é?

-Sou eu mãe! Tá me reconhecendo não é?

E completa:

-É Dorinha...

A senhora ainda com os olhos remelados...

Olha mais uma vez pela janelinha da porta...

-É você mesmo Doralinda?

Indaga a senhora ainda desconfiada...

-Sim dona Potilha é a sua filha preferida...

E completa:

-Agora abra aqui, por favor!

-Não posso não filha! – Afirma a idosa com lágrimas nos olhos...

-Porque mãe?

-Quem tem a chave é sua irmã...

-Ela não vem mais aqui...

-Mas o quê? Espera um pouco! –exclama Doralinda já tirando o celular da bolsa...

-Oh Dara! Tu trancasse mãe, foi? -Exclama pelo telefone móvel a jovem...

Batendo o pé direito como se estivesse acompanhando uma música...

-Hum, certo! Mas isso tá errado!

-Cadê a chave daqui? Não pode trazer não!

-Eu dou um jeito por aqui.

-Valeu a força! Depois a gente conversa melhor...

Se despede enfurecida Doralinda...

Lembrara do homem que fazia chaves...

Mas, não sabe se o mesmo faz ainda...

Desceu duas ruas, batera em sua porta...

Explicara-lhe o acontecido...

Mas, o homem já sabia do cadeado que aprisionava dona Potilha...

Até a casa maltratada de sua mãe subira...

Com as mãos trêmulas rompera aquele velho e oxidado cadeado...

A porta chiara...

As correntes foram ao chão...

Dona Potilha emocionada...

Há mais de mês que não saíra à calçada...

Um abraço demorado em sua filha...

Mas, a mesma logo recuara...

-Eita mãe! A senhora tá fedendo! –Afirma sincera a jovem...

-Desculpe filha! É que cortaram a água...

-Dara não pagou não foi?

-Não...

-Eu pego essa monstra!

Portas e janelas abertas...

Abertura...

O sol finalmente pode penetrar na casa...

Mas, o odor de podre misturado com enxofre...

Não cessara...

Doralinda logo se sentira mal com aquela casa...

Parecia-lhe que alguma coisa ou algo maligno ali habitara...

Habitante...

Enferrujado basculante...

Enfim penetrara no interior da tal casa...

Onde sua infância alegre passara...

Mas, observou que tudo mudara (...)

Ali dentro agora era outro mundo...

Mundano...

De repente sentira a impressão que alguém ou algo estava lhe observando...

Contemplando...

Olhara de soslaio para as paredes...

Tivera uma rápida visão...

Visagem...

Sua mãe começara a discutir do nada...

Perturbada...

Não mais calma...

A tarde dá as caras...

E logo passa...

Vem a noite...

Aquele velho frio bate de açoite...

Chacoalha a porta da frente e a porta de trás...

As plantas balançam no quintal...

Lua negra ou nova...

-Ele quer romper o meu hímen com o pênis do inimigo...

-Entra por trás...

Exclama a senhora Potilha...

Enquanto adoçava o café sobre a mesa de pés e pernas tortas...

Tudo isso e aquilo observara sua filha Dora...

Bagunça e lixo por toda a casa...

E aquele fedor, caro leitor, de carne podre não sessara...

Doralinda ficara por ali pela sala...

Bate meia noite...

Parecia duas meia-noites...

Aí chegara a madrugada...

Também observara sua mãe bastante inquieta vagando pela casa...

Batera três da madrugada...

Não acreditara...

Estava terminando mais um capítulo de um livro (...)

Alguma coisa sombreada avistara passar...

A sensação de ser observada Dora teve...

Mudança de temperatura brusca...

Tivera...

Como se algo os seus olhos e mente lê-se...

Teve certeza, vira uma mancha negra se deslocando pela parede...

Sua mãe agora piorava...

Soltara palavrões com mais intensidade e levantara a sua própria saia...

As lâmpadas da casa acendiam e apagavam...

Dona Potilha xingara todos os espíritos...

Dora fechara o livro, sem marcar o capítulo...

Seguira a tal mancha pela casa...

Passara para os quartos...

A tal mancha se extinguira...

Cheiro forte de enxofre...

Um inexplicável arrepio subira em sua espinha...

Mas, ela já havia registrado tal fato...

Pois a mesma era uma jovem ocultista...

E aquele capítulo, minha cara leitora?

Intitulava-se: "Defesa e ataque ao ocultismo"...

Dora observara do alto de sua pouca idade...

Mas, entendera que a casa, sua antiga casa, por alguma coisa estava sendo obsidiada...

Obsessão...

Lixo no chão...

Maus e baixos espíritos habitam no imundo...

Mas, a jovem Doralinda (...)

Chamara ao cair da tarde seguinte...

Um amigo e também ocultista...

Avançado estudioso...

Chegara bem no final da tardezinha...

Tardinha...

-Oi bruxa! Em que posso lhe ajudar minha cara irmãzinha?

Indaga o rapaz de barba cheia e longa, fumando um cigarro...

-Salve meu caro!

-Me desculpe a urgência! –Exclama Dora sussurrando...

-Entre amigo! Quero evitar fofocas entre os vizinhos...

Mas, era quase que impossível...

Pois a esta altura as senhoras desocupadas...

Pela fresta de suas portas lhe observavam...

Verdadeiras vampiras de informação...

O café traziam de garrafa...

Sentadas nas calçadas...

Às vezes cigarros e cachaça (...)

-Olha aí! Tais vendo mulher nem chegou direito...

Cochicha uma delas tomando um cafezinho e fumando um cigarro...

-Quem, mulher? – Exclama a amiga vizinha mais curiosa ainda...

-Essa daí! Nem chegou e já arrumou um macho para dentro de casa...

-Mas mulher! Dona Potilha doente da cabeça e a filha 'xambregando'!

Comenta já outra vizinha que acabara de sentar...

Com um cigarro na boca e um copo vazio na mão...

-Você tá linda! Não sei por que faz tempo que a gente não se ver...

Galanteia Alex, alisando os cabelos vermelhos de franja da jovem ocultista...

-Olha para com isso cara! A gente não rola!

Afirma Dora e completa: - Só amizade! Se quiser é assim!

-Tá certo, bruxa! –se contenta Alex já mexendo em uma parafernália dentro de sua bolsa de costas...

Completa: -enquanto há vida há esperança!

-Tá certo vá acreditando...

-Mas, primeiro veja se você resolve esse problema da casa e com certeza da minha mãe também...

Exclama Doralinda fazendo certo charme indireto para o jovem aprendiz de mago...

A noite cai...

Sem gatos...

Os pombos da casa há muito o pombal já haviam deixado (...)

Isso e mais aquilo já tinha constatado o jovem Alex que acendia mais um cigarro...

Noite alta...

Os jovens repousam na sala...

Luz apagada...

Meados da madrugada...

Chega três horas...

O relógio da parede trava...

Trovão...

Trova...

Trovador...

O relógio de pulso do jovem Alex também parou...

O tempo parado...

Dona Potilha já havia acordado...

De um sono mais que pesado (...)

Mas, não conseguira da cama sair...

Presa como um ímã...

Com o nada a discutir...

Discussão...

Discurso...

Se queixara das vozes do além (...)

Coisas do outro mundo...

A idosa Potilha sem voz nenhuma de tanto revidar...

Ainda conseguira chamar a jovem Doralinda...

Resmungara-lhe ao seu ouvido acusando os espíritos...

Enquanto isso, Alex traçara um pentagrama com a sua ponta virada para a soleira do quarto...

Imediatamente dona Potilha se calara...

Voltara a roncar...

A temperatura subira...

Novamente...

A luz da lâmpada voltara (...)

Voltou...

Volta...

O ar mais leve, como se algo, alguma coisa ou alguém estivesse indo embora...

Doralinda olhara seu amigo ocultista com olhos de agradecida...

Proteção...

Protegida...

Pouco tempo depois aquilo voltara...

Mais forte...

Mais agressivo...

Em outra parte da casa (...)

Casadinha...

Tomara o fogão...

Acendera o fogo sob a panela do leite...

Alex avistara algo correndo pelas paredes (...)

Emparedado...

A casa a casa mais uma vez tomara vida própria...

Na madrugada de sexta-feira para sábado...

Sabatina...

"Sabah" ataque astral...

O jovem Alex inicia uma conversa em tom de esconjuro...

Diálogo mágico...

A temperatura novamente vai abaixo...

Gama vibratória...

Ar denso...

Invade a casa uma névoa repentina que não vai embora...

Sons infernais...

Alguns vizinhos se acordam...

Acordo...

Acordar...

Alex começara um exorcismo (...)

Exorcista...

Aquilo tomara forma na frente de Dora e do jovem magista...

Se formara um corpo astral...

Com carga interna...

Abre-se na frente dos jovens um portal, uma outra esfera...

Como se algo se mexesse...

Desprende-se em seu retorno o demônio da parede...

Palavras mágicas...

Conversações nos planos sutis...

-O que é você? –exclama o jovem com voz alta e firme...

-Se apresente a mim com forma sutil...

-E com sete passos a minha frente...

-Em nome da força trismegista...

-O poder trieminente, pelo microcosmo eu lhe ordeno!

-Qual é o seu nome?

-Se pronuncie! Eu lhe ordeno!

Neste momento a parede se rachara...

Abriram-se frestas que levavam ao nada...

Através da névoa duas patas para fora colocara...

Alex e Dora observavam a imediata criação de um corpo etérico...

Um invólucro do corpo físico (...)

-Feche os olhos Dora! Imagine comigo um inimaginário círculo...

E completa já abraçado a Doralinda...

-Vamos! Diga o seu nome!

-O que é você? Qual é a sua zona ou astral?

Os demônios quando vem ao nosso mundo, minha cara leitura...

Penetram em forma de animal...

Pela força da imaginação dos dois jovens...

Pelo círculo branco imaginário estavam protegidos...

Nada ou ninguém os atingiam (...)

Nem demônios ou baixos espíritos...

Espírita...

Mas, do nada quebra a corrente imaginária do círculo Doralinda (...)

Alegando que a voz de sua mãe dona Potilha ouvira...

Era mais uma artimanha daquele ser...

Que assim como a mãe penetrara nas fraquezas da filha...

Que quebrara o círculo se achando segura...

Errara a jovem ocultista (...)

O demônio usara sua falha contra si mesma...

Penetrara no universo de sua cabeça...

E que assim seja!

Ataque astral...

-Dora, oh Dora você me abandonou minha ingrata filha...

-Não mãe! Eu só saí daqui para estudar...

Retruca Dora escutando apenas a voz que o vento lhe trazia em forma de zumbido...

Mas era mais uma mentira...

Pois sua mãe ainda sob proteção do pentagrama ainda se encontrara dormindo...

O vento virara ventania...

Se chocara de contra as folhas verdes...

Ganhara força de toda a força o demônio da parede (...)

Saíra por completo, já fim da madrugada...

Ganhara a forma de um enorme lobo que agora andara pela casa...

Cão do inferno...

Vozes do inferno...

O jovem Alex em contra partida declama mágicos versos...

Mais outro esconjuro...

Exorcismo...

Outra conversação mágica (...)

Bem no meio da sala...

Dora não mais aguentara (...)

Toda aquela pressão mágica...

A jovem ocultista desmaiara...

Alex quase se dando como vencido...

Frente a frente com o enorme lobo...

-Em nome do macrocosmo. Qual é o seu nome?

-Vamos! Pelo microcosmo!

-Qual é o seu nome?

Exclama o jovem com ares de um verdadeiro mago...

O gigante lobo se faz pronunciar através de um odor de carne podre...

Mais enxofre pesara o ar (...)

-Eu sou Buru! (...)

E completa:

-Venho da quarta zona baixa...

-Só para me alimentar de todas as conversas, as mais secretas...

-Cale-se, imundo!

Corta a conversa o jovem...

-Se retire desta dimensão! Vamos!

-Deixe esse plano físico, agora!

E completa:

-Mais uma vez...

-A última vez...

-Vez por todas...

-'Libus, Tibus, convoquei'!

E completa:

-Eu te expulso!

Suas palavras mágicas penetrara a coisa espessa...

Esconjurou-lhe para o outro mundo...

O enorme lobo recuara com olhos lumífero...

E focinho coruscante...

E voltara a penetrar na parede...

Se fechara as portas da quarta zona baixa...

Já era aurora...

O dia clareara...

O rei Sol aos poucos se levantara...

Imediatamente a casa voltara a ser apenas uma casa...

'Desobsediada'...

Nos braços do jovem mago Alex, Dora acordara...

Após uma batalha astral...

Guerra espiritual...

Doralinda ainda desorientada, perturbada...

Cambaleada...

Com olhos diferentes o jovem Alex olhara...

Soltara-lhe ou sapecara um beijo caloroso e demorado...

Como se agradecesse ou reconhecesse uma verdadeira paixão...

Amor à parte...

De sua mãe, a velha Potilha, sentira falta (...)

Entra Dora no leito da mãe...

-Mãe! Acorda mãe!

Mas, a senhora não mais acordara...

Pálida em sua cama...

Permanecera deitada...

Não mais, nunca mais dona Potilha acordara...

O maldito demônio da parede em seu retorno levara a sua alma...

O jovem fora conferir o pentagrama...

Com sua ponta virada para a porta do quarto (...)

Alex notara...

Um leve rompimento em seu traçado.

Autor: O escritor fantasma

Em: 11/08/2014. Às 04h03min

Madrugada de domingo para segunda (feira da sulanca/cavalete da antiga fábrica de sabão)

FILOSOFIA DE UM MENDIGO

Nem tudo que se pensa se fala...

Assim falou aquele homem maltrapilho...

Que transborda sabedoria em meio a hipocrisia de uma sociedade...

Que transforma o homem em lixo humano...

De onde veio aquele homem maltrapilho?

Para onde vai aquele homem mendigo?

Andarilho das ruas...

As aparências enganam...

Só após algum tempo entendi...

Aquele maltrapilho...

Que outrora quis dizer muito...

E todos nós ouvimos pouco...

Filosofia de um mendigo...

Entrou em minha cabeça...

Em meio a todo álcool que bebemos...

E todas as drogas que consumimos...

Filosofia de um homem maltrapilho entrou em minha cabeça...

Estamos sempre aprendendo de quem menos se espera...

"Nem tudo que se pensa se diz"...

Porque as aparências te enganam.

Autor: Fábio Bradock

Em uma tarde chuvosa (10/01/2007)

Às: 14h49min

A RAINHA DA FORNICAÇÃO

(Sobre Cleópatra)

Entre eunucos e serpentes...

A rainha da fornicação governa com manobras políticas...

Tomada pela ambição...

Ao trono de uma nação mítica faraônica...

A filha de Ísis como uma deusa viva dos prazeres carnais...

Sua lenda crescia assim como os desejos carnais...

De todo o seu exército...

Com quem a rainha da fornicação saciava todo o seu tédio...

Dona de um corpo desejado, mas não tão belo...

Sua ambição sem limites...

Tão forte quanto sua fome sexual...

Escravizou sexualmente dois dos homens mais poderosos de seu tempo...

A rainha da cópula tinha todo o poder em suas mãos...

Luxúria e prazer era o seu nome...

Mas, era pouco. Ela queria todo o poder do mundo...

E Roma era a grande porta...

Intrigas políticas foram disseminadas em sua volta...

Guerras foram travadas, a rainha do prazer foi capturada...

Chegava ao fim o império de umas das mulheres mais devassas...

Mas nunca escravizada, se entregou as serpentes para entrar para a eternidade.

Autor: Fábio Bradock

Em: 04/09/2007

Às: 22he00h31min

ALEXANDRE O GRANDE

(Alexandre Magno)

Filho de um rei macedônico...

Que a cada conquista se embriaga até ir ao chão...

Com bebedeiras antológicas...

Em meio as suas conquistas cresceu Alexandre...

Tão sedento por conquistas quanto o pai...

Suas primeiras vitórias revelam ao mundo...

Um dos maiores estrategistas de toda a antiguidade...

Sua lenda correu o mais longe que pode, assim como ele próprio...

Sua eloquência para com seu exército andarilho que nunca parava...

Somado a sua coragem e ambição...

Rompendo três continentes...

Dizimando quem encontrasse pela frente...

Seu imbatível exército destruidor...

Só caíra a noite sob o efeito de muitos barris de vinho...

E deliciosas mulheres 'forniqueiras'...

Para levantar-se sob a aurora do dia seguinte...

Para marchar até a próxima grande batalha...

Nas Índias o exército andarilho não mais andou...

Dez anos se passaram...

Mas, há mais terras a conquistar...

Não havia mais nenhum inimigo...

Alexandre retornou...

Para se entregar ao mais puro vinho e beber até cair...

Nunca perdera para ninguém, só para si mesmo...

Alexandre!

Os teus grandes feitos serão lembrados!

Alexandre "O Grande"!

Ficou o seu legado!

AUTOR: FÁBIO BRADOCK

ESPECTRO NOTURNO

(Fantasma do Underground)

Como um espectro no meio do "underground", ela vagueia...

'Lombrada', alcoolizada sem se importar com o destino...

Seu corpo franzino, cheio de química...

Ela prefere estar sempre louca...

Louca total...

Sempre a espera de prazer carnal...

Não importa se for homem ou mulher...

Aí vem o dia!

E ela tenta sobreviver...

Sua cabeça sempre incitada com desejos e decepções...

Com auges e quedas...

Como um fantasma ela perambula no 'underground' a fora...

A noite chega1

Suas vestes negras...

Sempre na companhia de uma bucha de solvente...

E outras coisas mais...

Ela vaga entre mesas amarelas de espeluncas de metal tosco...

Como um espectro no meio do "underground"...

Ela vagueia sem destino algum...

Até que a morte venha beijá-la e transportá-la para o nada...

Espectro noturno...

O fantasma do 'underground' foi capturado em fotografias!!!!!!!!!

AUTOR: FÁBIO BRADOCK

EM: 22/01/2007

ÀS: 14h10min

ANDARILHO DAS RUAS

Dez anos se passaram e não consigo saciar este estranho prazer...

Velhas ruas diferentes lugares onde passei e não me habituei...

Pessoas diferentes, novas cidades, estranhos lugares...

Onde passarei em algum dia...

Ando sempre pronto esperando o inesperado...

Estou sempre insaciável...

Como um abutre que voa...

Em torno de uma vítima viva a agonizar...

Ando sem me importar com esse tal de destino...

Até que o dia morra...

Aí a noite já se aproxima...

Então já é outra caçada...

Chove lá na rua...

Se sair vai se molhar...

Então escuto um velho blues...

Para me confortar até este temporal passar...

Ando para sobreviver...

E não tenho muito a oferecer...

Além de alguns sapatos desgastados...

E algumas vestes queimadas por um sol que nos derrete a alma...

Andarilho das ruas...

Andando até que a morte venha me parar...

Andarilho das ruas!

Ainda tenho muito que andar...

Andarilho das ruas!

Nós ainda vamos nos encontrar...

Em algum lugar!

FIM DA LETRA

TÍTULO ORIGINAL "ANDARILHO DAS RUAS"

AO SOM DA BANDA:"VIOLETA DE OUTONO"

A ARTE DE GUERREAR DE UM CARNICEIRO

(Sobre Napoleão Bonaparte)

Como um carniceiro na arte de guerrear, ele sentia as batalhas...

Pois ele estava lá, nas fileiras do grande exército...

Destroçando mais um inimigo...

Penetrando suas vísceras com a ponta da baioneta...

Sua mão de ferro imperava...

Submersa no sangue coagulado de centenas de milhares de soldados...

Que ficaram pelo caminho mortos, mutilados...

Deixados para trás como alimento para os esfomeados abutres...

Sua sede em dominar as terras mais longínquas...

Tao forte e intensa quanto as balas dos canhões...

Destroçando quem quer que cruze o seu encarniçado caminho...

Rumo ao império de um ocidente assustado por um pesadelo militar...

Chamado de o grande exército napoleônico.

Como uma velha raposa na arte das estratégias dos campos enfumaçados de guerra...

Nunca se dava por satisfeito enquanto não fizesse o inimigo cair da terra...

Trinta mil soldados marchando e depondo armas e bandeiras aos seus pés...

Há! Há! Há! Ele graceja...

Pois mais um império estava sobre o seu impiedoso domínio militar...

Quando imperador manipulou claramente a mais suja e hipócrita das instituições (a igreja)

Se autocoroando sob o olhar submisso do fantoche da fé...

Uma instituição construída sobre os alicerces da mentira...

Há quase dois mil anos manipulada como uma frágil presa...

Por um único homem Napoleão Bonaparte, eis o seu nome...

Ele conseguiu se sobrepor como diria os mais sábios...

Um dia da caça! Outro do caçador! Há! Há! Há!

AUTOR: FÁBIO BRADOCK

EM: 09/07/2007

UM SER NEGRO ACORRENTADO

(Sobre Satanildo II)

Acorrentado nos fundos de uma velha casa...

Como um demônio preso por correntes infernais...

Ela ansiava por liberdade...

A noite chegava e o convidava para a copulação...

Com fêmeas que chegavam de todas as partes para lhe visitar.

Quando em liberdade...

Transformava velhos telhados em palcos de fornicação até o sol sair...

Então retornava para sua velha casa...

Faminto e em busca de um refúgio...

Assim voltava para as correntes infernais.

Um ser negro acorrentado!

Sussurrava como um demônio...

Aprisionado por correntes infernais.

Mas, algo nefasto se aproxima!

Quando mais uma vez em liberdade saiu a caça de fêmeas...

Dias, noites se passaram quando em uma manhã de céu nublado...

Ele retorna cambaleando, corpo trêmulo, espuma branca saindo de sua boca.

Enfim não mais resistiu...

Foi envenenado! Seu corpo endurecido, abandonado em terreno...

Ele se libertou das correntes, para apodrecer junto ao nada...

Um ser negro acorrentado! Não existe mais.

Um ser negro acorrentado! As correntes ficaram.

NOS EXTREMOS DA NOITE

(Sobre as Meretrizes)

Nos extremos da noite elas surgem sedentas por prazeres carnais...

Drogadas, embriagadas por vinho barato...

Dentro da noite, nada é por acaso...

Quando você se depara com meretrizes...

Gordas, nuas, imundas, infames, fornicando na escuridão sem nenhum pudor...

Insaciáveis por álcool e prazer, não importa a sua forma...

Nos confins da noite, nada é por acaso...

Quando se encontra uma serva da fornicação...

O que se pode querer além de álcool, para beber...

E uma igreja escura para fornicar...

Entorpecido, totalmente; entorpecido...

Você quer possuir este corpo que não pertence a ninguém...

Meretriz...

Meretriz...

Teu corpo será sodomizado...

De todas as formas.

Autor: Fábio Bradock

O ANDARILHO DOS CEMITÉRIOS

Vagando por entre mausoléus e covas rasas desta casa de morte...

Já são quase cinco horas e o rei Sol está indo embora...

Sento à beira de uma cova nos fundos desta moradia mortuária...

Acendo um cigarro proibido, ao meu lado uma garrafa de vinho...

Dou início a uma longa conversa com meu próprio eu...

Finalmente o rei Sol vai embora...

Me pego hipnotizado pela minha própria sombra...

Que também vai embora junto ao rei Sol..

Sentado à beira de uma tumba...

Entre tragos de vinhos e o meu velho cigarro proibido...

flagro-me filosofando sobre a única certeza de minha frágil existência...

Quando ela virá? Onde estarei? O que farei neste inevitável momento?

Já passa das cinco...

O velho coveiro de corpo trêmulo...

Dá início ao seu arcaico ritual de encerramento...

Para então fechar os portões desta residência cadavérica...

Que um dia serei apenas mais um habitante deste velho cemitério...

Enquanto este dia não chega permaneço filosofando...

Sentado a beira de uma sepultura semi embriagado...

Em meio a fumaça de um velho cigarro proibido e vários tragos dum velho vinho.

AUTOR: FÁBIO BRADOCK

EM: 23/09/2007

ÀS 23h53min

PROCURA-SE DEUS

Você cria o seu paraíso ou você faz o seu verdadeiro inferno.

Somos o nosso próprio Deus...

Em uma sociedade que não tem o livre arbítrio de escolher...

Em que você acredita ou vai acreditar.

Dão-lhe um Deus que não é o seu...

Antes mesmo de você começar a andar.

O homem é o centro do universo...

Criador de um tempo que nunca para.

E ainda assim procura por um Deus...

Criado pelas mentes dos homens...

Que não te perdoam se você for pobre...

E não tiver dinheiro para a reforma do seu desejado paraíso.

Logo este Deus criado pelo homem te manda para um inferno...

Onde você bebe, come, defeca, fornica...

E termina todo o ciclo de sua miserável existência...

E não percebe que o verdadeiro inferno é o que você faz.

Autor: Fábio Bradock /Em: 28/02/2007/Às: 20h28min

SOLDADOS NOTURNOS

(Guerreiros das Noites)

Caídos nas calçadas, exalando álcool...

Atravessando as madrugadas...

Espreitando mulheres como corvos famintos...

A caça de suas presas para um delicioso abate.

Como soldados guerreiros eles confrontam as noites...

Jogados em mesas escuras, sedados pelo mais puro metal...

Travando um duelo com as suas próprias mentes entorpecidas...

Até que o dia amanheça.

Antes de amanhecer somos todos soldados noturnos...

Não temos armas nem munição...

Além de muita fumaça no cérebro...

E uma garrafa na mão.

Ao cair da noite somos soldados noturnos...

Contemplando a escuridão das ruas...

Até que o dia amanheça...

Somos soldados noturnos...

Até que o dia amanheça.

Autor: Fábio "Bradock"

Em: 09 e 10/01/2007

Às: 00h18min

O Bradockianismo Digital + A grande literatura Bradockiana universal

Apresentam:

SINOPSE:

Um rapaz tem uma visagem no portão do cemitério mais antigo da cidade... Um vulto com formas femininas.... Lhe atraíra para o interior daquele antro de morte. Mas aquele jovem sabia muito bem a terra que estava pisando, pois há tempos autoproclamara-se: " O andarilho dos cemitérios"... Como um prego é batido por um martelo; o jovem entrara naquele velho cemitério; (...) chamara a atenção dos felinos. Em uma viagem gótica por toda a arte tumular; o Andarilho dos cemitérios ressurge... vagando sem rumo como em um labirinto dentro de um dos mais velhos cemitérios do agreste mal-assombrado, na Cidade de Caruaru, (a capital do Agreste).

O autor:

O VULTO DO MAUSOLÉU
(O Andarilho dos cemitérios ressurge)

Série: O fragmento do Agreste mal-assombrado ou O retomo da poesia

Aquela tarde começara a se esvair...
[Esvaírar]...
Tardezinha de firmamento limpo...
O fim do infinito...
O céu de brigadeiro, avermelhado; era arrebol...
Como em um arrebatamento...

Turbilhão de sentimentos...
Sentimental...
E eu tentando rir...
Incubada risada...
Rins... cromada riata...
Estava meio pra baixo; minha esposa havia me [deixado...]

Moramos apenas por dois dias...
Promessas fracassadas...
Fracasso, (...) Ela em cima; ele por baixo...
Amor gostoso; (...)
Revirado...
Ela é linda! Ou era... perderas os cabelos como [sequela...]

Sequelado...
Outras épocas...
Mas o coração ficou acorrentado...
[Correntes…]

Amor de feira; nascera bem no meio de toda essa gente…

Gentilmente…

De ressaca…
Bafo de cachaça...
Fim da linha...
Quando o caminhão chegou...
Chorei na esquina...
Mas fora embora...

" Quem sabe passe essa dor se eu der uma bola."

Batera o crepúsculo; ...
No canto direito do portão; bem na porta estreita do maior mausoléu se fez uma forma;
era feminina...
Feminista...
Um vulto...
Era belo...

Bela...
Imponência de mulher que sabe o que quer...
Quero...
Queira...
Fiquei excitado desci aos infernos...
Da minha cabeça de baixo...

Despertara-lhe uma fera...

Outras esferas...

Tocara-lhe...

O cemitério das Almas...

O Andarilho ressurge no mundo paralelo...

O vulto do cemitério...

Contrabaixo...

Um Deus revirado...

Em cima e em baixo...

Já não colocava os pés em um cemitério fazia tempo...

Temporal…

Tempero...

Estava fitando aquela paisagem fúnebre o dia inteiro…

Inteirar….

O odor de mofo...

O cheiro que vem de longe: esgoto...

As moscas varejeiras...

Varejo...

Duas velhas feias irmãs, comercializando flores artificiais; bem atrás de minha pessoa...

As flores naturais já não existia mais...

Apenas pétalas plastificadas...

Plástico...

Plástica...

Plastificado...

O senhor sem um braço na calçada daquela casa de morte...

Vendendo velas e fósforos...

Rosas de plástico...

Flor de defunto...

Sentando mostrando o cofrinho rente ao muro...

Mureta...

Muralha...
Mural...
Enfim criei coragem, penetrei na terra dos pés juntos...
Juntos...
Os túmulos abandonados...

Já sem tinta, a terra seca pedregosa circunavega ao lado...

Aquela tumba lá longe, imponente...
Um felino velho já sem dentes...
Dentadura...
Ditadura...
Desdentado...
Seu pico em forma romana corta o céu...

Caminhara por ruas estreitas e covas abertas...
Abertura...
Fúnebres são aquelas estreitas ruas...
Fétidas ruas...
Nua em osso...
As árvores com os galhos tocando o chão...

E os seus troncos grossos, ... ocos...
Morada do nada...
Mas a noite Sérvia de morada das corujas, morcegos e baratas...
A casa dos fantasmas...
O Andarilho vagara…

Devagar...

Vagão...
Vagabundo...
Os cemitérios são outros mundos...
Uma vassoura jogada, próximo ao balde d'água...
Mas a noite se preparava para a sua chegada...

Chegado...

É colorido o final da tarde...
Mas já era tarde para deixar o mundo dos cadavéricos...
Alguém com farda; fechara os portões do cemitério...
O crepúsculo encerrara-se...

Encerramento...

Encerramento...

As covas recebem um novo tom...
A noite negra; tipo baton...
Dava um 'Q' de mal-assombrada...
A morte dos fantasmas...
Fantasmagoria...
Fantasmagórico...

" Sem vinho, sem mulher, que saco! "

O Andarilho vaga fitando o alto...
Mas só avistara uma longa cerca elétrica...
Elétrons...
chegara a estalar devido a força das correntes de energia...
A morte do dia...

Diário...

A mulher noite, agora era a sua companhia. ..
Companheiro...
As cruzes quebradas...
Fezes de gatos na tumba abandonada...
A lua estava alta...
Entrara na alta madrugada...

Os fantasmas lá da estrada...
Sem parar por todo aquele cemitério vagara...
Meio sem nexo...
Como em um ciclo vicioso ressurge o andarilho dos cemitérios...
Avistara novamente aquele vulto...

Ainda sem forma definida; envultado...

Só pensara em sexo...
Fora atrás o tal andarilho...
Da barriga do vulto saíra uma legião de micro mendigos...
Todos esfomeados...
Devoraram todos os tapurus da mausoléu

[caiado...]

Mas logo fugaram com medo dos gatos...
Gatuno...
Noturno...
As flores e os seus pedaços fragmentados...
O cemitério fechado...

Fechadura...

O firmamento estrelado...
Estrela...
Estelar...
Estalar...
O piar das corujas e os seus ninhos...
Ninharia...

Como uma maldição o andarilho anseia pelo dia...
Forçara o cadeado do portão...
Sem cigarros...
Folgado o cinturão...
O vulto outra vez aparecera...
Falara besteira...

-Quer me possuir? Venha até aqui! -Brada o tal vulto com ar de sedução...

Mas cada vez distanciando-se mais...
A prisão de Barrabás...
O Andarilho excitado...
Seguira o vulto como um gato segue o rato…

A madrugada tem sabor de cigarro...
Os cemitérios são a prisão dos finados...

-Ei moço me dar um abraço! -Exclama o vulto fazendo pose de modelo...

Modelagem...
A lua iluminara o cemitério das Almas...
Espírito perdido...
Perdição...
Perder...

Perdido...

"Nem sei o quê!"

O Andarilho avistara uma jovem mulher com cabelos roxos, e mechas vermelhas...
No pescoço uma fina corrente reluzente...
Um espartilho e uma saia negra bem colada... Uma meia calça que lhe dava poderes de
... bruxa...
Bruxaria...

O cemitério das miopias...
Míope...

-Vamos dar um giro! Aí você se quiser pode ficar comigo. - Ela disse.
Dissera...

De sexuais pensamentos em sua cabeça abriu uma cratera...
Subterra...

Aquele e aquela... outra esfera... espera...

Lá no outro plano; entre a noite das bruxas e dia de finados...

-Vamos! Mas quem é você? -disse o andarilho, e completa indagando: -Qual o seu
nome?

 Meu nome é...

Quando um homem trajando vestes negras, em cima de uma bicicleta...

Bicicletário..

Ei! Vocês aí! -brada Aquele estranho homem, descendo suas calças e puxando o seu membro e masturbando-se e gargalhando como um demônio.

Demoníaco...

Amoníaco...

Demonização...

Demarcação...

Demo...

Demonstração...

Os cemitérios habitam fantasmas funestos...

Fúnebres...

-Vamos por aqui! Me segue e terá uma boa recompensa.-disse aquela garota saltando e logo desaparecendo entre túmulos...

Tumbas...

Turbante...

O Andarilho fora atrás; daquela enigmática jovem...

Juventude...

Juventus...

Juvenal... Juvêncio...

Mas só encontrara poeira e o rastro das estrelas...

Estrelado...

Em uma perseguição histórica...

Um camundongo e uma cobra...

Cobrado...

Cobrador...

Cobradores...

Cobrança...

De cara com a porta entreaberta de um velho mausoléu, o maior do cemitério...
Semente...

Sementeira...
Ainda de fora; o andarilho dos cemitérios, (...) avistara algo lá dentro...
Estava se mexendo...
Quando botara o olho; vira o outro mundo...
Mundano...

Ah! Meu caro leitor & leitora: melhor não ter visto...
Avistara a outra parte...
Um jogo de crianças pálidas, havia dois garotos afro descendentes, um era gordo, lento, mas tinha técnica de bola. Mas estava

Pesado; sempre chegando tarde nas bolas, ...
Bolão...
Bolada...
Boleiro...

Bolacha...
O cemitério das almas perdidas...

O Andarilho penetrara dentro do mausoléu...
Fora lá...
Bem pra lá...
Além das encruzilhadas...

Passara pelo campo de terra e poeira...
Sentara na arquibancada...

A noite correra como um carro de corrida...
Correr...
Correria...
A madrugada da nostalgia...

Nostálgico...
O odor de mofo toma aquele mortuário espaço...

Os tapurus marcham rumo a cova rasa...
Na encruzilhada do cemitério um despacho...

Os cachorros lá fora não mais latiam e sim; uivara...
... uivo...

Uivador...

O Andarilho dos mistérios voltou...
Volta...
Voltar...
Voltaire...

Voltaria...
Voltei...

A fim de amar...
Amador...
Amado...
Quando o rei sol se levantara...

A Cruz das almas...
Os raios solares reluzia no velho cadeado...

A morte e o seu outro lado...

Outra dimensão...

Além da barreira do som...

A quarta dimensão...

-Ei seu moço! -Exclama a senhora com cara feia, e completa: -Tá na minha frente, olha a barreira jovem.

Como uma ruptura no espaço tempo da minha razão.
Razoável...

Razoavelmente...
'Revel Decay'...
Reza...
Rezado...

Rezador... Rezando...

Não acreditei; eu nem havia dado um passo si quer a frente...

Fronte...

Nem ao menos sai daquele lugar...

Como um prego batido por um martelo jamais tinha entrado naquele velho cemitério.

Autor:

Iram F. R. Bradock como: O andarilho dos cemitérios

Poeta & Contista

NAS ESQUINAS DA MADRUGADA OU UMA MADRUGADA FANTASMAGÓRICA

(O retorno da galega da CA.DI.S.A)

Série: Lendas dos cemitérios

-Oh Antônio, tu não vai dirigir esse táxi homem... com essa coluna desse jeito!

Aconselha dona Mocinha, esposa de Antônio do táxi...

Ou Antônio taxista...

Um cara de aproximadamente uns cinquenta e poucos anos de idade...

Inúmeras casas alugadas...

Mas dirigia ainda...

Não gostava de gastar...

Mas também adorava trabalhar...

Trabalhador...

Trabalho...

Trabalheira...

Trabalhoso...

-Eu não sei ficar em casa, parado... tu não já sabe mulher? (…) O trabalho me chama...
Mocinha, por favor, veja um cafezinho pra mim...

Determina Antônio do táxi...

-E por que tu não pega? Já tá pronto aí na garrafa.

Retruca com raiva sua esposa assistindo TV...

Corpo avantajado. Mas ainda assim tinha formas de uma grande mulher...

Uma coroa quase enxuta...

Sempre pronta para o que der e vier...

Uma mulher...

De tão apaixonada não aguentara ver...

Antônio saindo de casa sem precisar e nem poder...

Contra a vontade do marido ela queria poder...

Pode...

Podre...

Podia...

Entrara no táxi sem se despedir...

Nem um beijo...

Aquilo tirara o seu sossego...

O café ficara em cima da mesa...

Sobejo...

Ligara o motor, fazendo bico...

Fora para o ponto...

Escutara a central...

Tudo parado...

Era sexta feira dia 31 de outubro do ano atual...

Fim de tarde o crepúsculo arde...

Caíra a noite...

Antes não fosse...

Como em uma corrente mágica...

Tudo começara estranhamente conturbado...

Do nada viera uma tara... tava a fim de amar...

Em seu pensamento amor virado...

Cabeça quente; também cabeça de baixo...

Bem em frente ao seu ponto uma velha é assaltada por um 'noiado'...

Mas lhe parece um morto-vivo...

Descalço...

Extremamente magro...

Um fedor assassino...

Uma motocicleta atropela uma cachorra prenha...

Sangue e grunhidos que ele nem se aguenta...

Era melhor ficar em casa...

De vinte e duas horas passara...

A noite faz a sua própria estrada...

Mas o rádio amador chamara...

Um cliente acionara...

Já tinha decidido ia voltar para casa...

Noite esquisita não dera nada...

Por falta de trabalho, sem nada para fazer os companheiros sem freios brincavam...

"Era melhor ter voltado para casa"...

Consigo pensara...

Mas havia um cliente que a central acionara...

Era a sua vez...

A bola da vez...

Fora trabalhar...

Bairro distante...

Periferia...

Periférico...

Já voltando, havia decidido não iria pegar mais ninguém...

Só casa...

Ao lado da CA.DI.S.A passara...

Olhara de lado...

Em uma rua desertificada...

Alguém em meio a escuridão sobre a luz da lua com o braço Dara...

Ainda era sexta feira dia trinta e um, do mês outubro, estava perto da madrugada...

Não se sabe o real motivo ou o porquê que Antônio parara...

No rádio interferência, (...) queda de temperatura brusca...

Os faróis por um momento falhara...

E por outro instante; pane na eletrônica, (...) a assombração da estrada...

Histórias a boca pequena, contadas por trás da igreja...

E que assim seja! (...)

Lendas da cidade...

Contos que mencionavam fantasmas...

Interrompendo a trajeto para casa; seu taxi parara...

Para o seu lado esquerdo olhara...

Não acreditara...

As mãos nos olhos passara...

Mas ainda não acreditara...

Era uma mulher loira...

Que o trânsito a qualquer hora parara...

Vestido longo, colado, (...) seios fartos...

Cabelos loiros, longos e soltos...

Parecia-lhe que saíra com alguma urgência do interior da revendedora de caminhões, a esquina da CA.DI.S.A...

As noites e suas esquinas...

Madrugadas fantasmagóricas...

Fantasmagorias...

-Vai de táxi? –

Indaga Antônio taxista...

Balança a cabeça em sinal de positivo, (...) a loura da CA.DI.S.A...

A dama do abismo...

Entrara no carro tão rápido, que Antonio nem vira...

- Para onde, Senhora? –

Indaga meio atordoado e encantado...

-Antes de mais nada, me chame de senhorita por favor! (...) sim, quero dá uma volta, - e completa de maneira extra sensual, - depois o senhor me levará em minha casa... pode ser? –

-Certo senhorita, mas pode me chamar de você, por favor! –

Retruca Antônio completamente seduzido...

O seu membro completamente enrijecido...

Pelo espelho interno...

Observa os seus olhos negros hora azuis, que lhe levam ao mundo paralelo do sexo...

Na boca das madrugadas Caruaruenses...

- Quero dar uma volta para desopilar, estou me sentindo muito só...

Conversa a loura vinda da CA.DI.S.A...

Antônio enxerga uma real possibilidade de amar...

Desestressar, (...) amar; amor...

Amante...

Outra vez amor...

Amoroso...

Caruaru Diesel S.A...

Louco para amar, (...)

Aquele velho lobo taxista acreditara...

Que a dama vinha mesmo dela...

Do interior da revendedora de caminhões...

-Você deve ter uma linda família - completa enquanto ajeita o cabelo e também o brinco no banco traseiro...

É um cara bonito descolado... um belo carro! –

Puxa conversa a loira...

O taxi passeara por importantes pontos da Cidade...

Vira a direita passando ao lado do estádio do esporte clube Central...

Velho time da Cidade...

Transfixara a Agamenon Magalhães sentira o exalar das flores daquele imenso jardim...

Que cortara aquela certa avenida...

Olhara para a sua direta as luzes da cidade...

Pelo espelho interno aquela loira era mesmo bonita...

Linda de verdade...

Avistara o Grande Hotel sinal verde...

O taxi parte...

Motocicletas em alta velocidade...

Ultrapassam-lhe em ambos os lados...

Bicicletas e pedestres fazendo 'Cooper' pela janela seu taxi passara...

Flanelinhas tomando conta dos carros junta a praça...

Baton vermelho...

No olho ousado lápis...

... 'Pin Up'...

-Sim é verdade, (...) Deveria estar em casa...

–Lamenta por um instante aquele taxista...

Completando em seguida: - Mas gostei muito de você! Declara diretamente

Antônio do taxi...

Novamente no céu as corujas rasgam...

Os cachorros latem...

Passando pelo "São Sebastião" o hospital...

Antes passara no necrotério...

Também o cemitério da cidade...

O motorista encantado com aquela loura...

Nem observara o seu dedo anular esquerdo era amputado...

Amputação...

Amputar...

Em um clima sensual de não mais se pensar...

A loira da CA.DI.S.A sem mais falar...

Durante...

Naquele instante

Passeara o carro...

Estendera o seu braço...

E por entre as poltronas...

Suas partes baixas lhe acariciara...

Devaneios na cabeça de cima e cabeça de baixo...

Estava bom (...) prazer mágico...

Atenção no trânsito não mais prestara...

Prestar...

Imprestável...

Prestação...

Em uma massagem sobrenatural...

Passara também pela estação...

A igreja da Conceição...

Também sobre a ponte que transpassa o terceiro rio mais poluído do mundo...

A loira da CA.DI.S.A apalpara a sua bunda...

A ponte balançara sobre a cheia lua que espelhara o rio Ipojuca,...

Motel não...

Pensara em parar junto às margens daquele rio de águas negras...

Iria pela periferia por trás daquelas antigas fábricas...

Quase gozando...

A loira da CA.DI.S.A do nada muda de clima...

Lhe pedira nervosamente para lhe levar em sua casa...

De tamanho susto...

O membro baixara...

Baixo...

Dissera-lhe o endereço de sua casa, era no bairro do Salgado...

Bandeira dois...

Já contava uma bela quantia...

Dás zero hora se aproximara...

Aproxima-se...

Em fim chegara com uma urgência de morte...

O interior do carro deixara...

Sem nem o abrir da porta escutar, Antônio gritar: - Ei galega e o valor do taxi?

-Já volto bobinho! Tá pensando que eu não vou pagar, - retruca com um erotismo de fazer qualquer apressadinho esperar (...)

... me espera voltar para você cobrar... -

-Certo! Aguardo sim, linda! -

A loira entrara tão rápido quanto um piscado, que Antônio nem vira (...) quando a porta abrira...

Sem barulho de chave ou fechadura...

Dera meia noite...

Deserta e escura rua...

Casa pequenina...

Que ali morava alguém nem lhe parecia...

Parecer...

Bater na porta onde entrara a loira decidira...

Dera inúmeras batidas...

Um eco se formara...

Parecia-lhe vazia a casa...

Aquela tal casa...

Um pouco desfigurada, (...) na verdade caro LEITOR e nobre LEITORA!

Parecia que a mesma tinha sido apedrejada...

Porta sem tinta...

Sem cor...

Paredes rachadas...

Só ferro, vigas de ferro e máquinas avistara...

Ao táxi Antônio retornara...

As suas esperanças de amar...

Se esvaírou...

Esvairir...

Só lhe restara ir para casa...

Aquela linda galega sua atormentada mente não deixara...

Se agarrara, (...) Já indo para casa...

E com a sua esposa Mocinha, iria amar como nunca naquele inicio de madrugada...

Mas antes no Caruaru Diesel S.A, parara...

Parada...

Paradão...

Parou...

Ilusórias madrugadas...

Depois de um conturbado e revelador dia, (...) noite seguinte em horário comercial ali na CA.DI.S.A passara...

Mas fora informado, que exatamente...

Pontualmente...

Às dezoito horas encerara...

Fecharam...

Terminara...

Antônio não acreditara...

A história ao vigia contara...

De uma loura que pedia carona ou corrida...

E lhe parecia que dali saíra...

Já em outro horário, (...)

Fora pelos funcionários e depois pelo gerente negados...

Tido como perturbado...

Riram de seus relatos...

Mas um entre os demais...

Falara-lhe que algo parecido com essa história já escutara...

Mas não se recordara se era um taxista ou um caronista por coincidência...

Procurava uma loira...

A galega da CA.DI.S.A...

Ele afirmaria...

Que da revendedora de caminhões secretária dali se dizia...

Orientara-lhe, para voltar para casa...

Ficar com a família...

E só fazer corrida de táxi, durante a luz do dia...

Que toma ou ganha a forma de um local uma rua inocente...

O barulho das crianças gargalhadas e gritos dormentes...

Prédios de puro concreto a circunavegavam a esquina da CA.DI.S.A...

Oficinas e trabalhadores sujos de óleo e valentes...

Coração valente...

Valentemente...

Valete...

Mas a noite as histórias tem vida própria...

Antônio uma evidencia a outra juntara...

Passara mal desmaiara...

Fora socorrido...

Ligara para a família...

Choro...

Gritos...

Histeria...

Mas quando retornara...

Antônio já não era mais o mesmo...

Ria sem parar e sozinho falara...

Repetindo aleatórias palavras...

Soltas ao vento...

Dava claras evidencias de desequilíbrio mental...

Fora levado para casa...

Aquela história insana sem controle se espalhara...

Os jornais da cidade a história contava...

Relatavam...

As rádios...

Também narravam...

Um 'B.O' dona Mocinha Registrara...

"Levara a insanidade ao meu marido Antonio do taxi", dizia aquele conteúdo, acusara a aparição de um fantasma...

Aquilo chamara a atenção de um certo comissário...

Era Lourival...

Que por fora também era detetive paranormal...

Um cara de estatura mediana, careca de barba e cavanhaque...

Barriga saliente...

Sempre vestido de preto, mas parecia um padre exorcista do que o policial civil...

Visitara a família, (...) depois as imediações da CA.DI.S.A...

Era um prédio voluptuoso...

Portões imensos sobre trilhos...

Trilha...

Imóvel de esquina...

Bancos, condomínios e uma pequena praça arborizada o rodeavam...

Lourival era paciente vasculhara tudo, fora a procura dos jornais da época,

No memorial da cidade, prédio antigo outrora era o mercado de farinha...

Também fora dar uma checada nos arquivos da câmara municipal...

Conversou com assessores nos degraus da casa legislativa do município...

Escutou antigas histórias sobre espíritos...

Por último fora na clínica e manicômio do doutor Evandro...

Pelo interfone se apresentara...

Presente...

Era quatorze horas da tarde, o sol quente...

Logo um funcionário abrira aquele imenso portão...

-Bom dia!

-Bom senhor gostaria de falar com o doutor Evandro!

–Exclama Lourival já adentrando a clínica ...

Nada de insanos vira...

O enfermeiro lhe levara ao escritório...

Doutor Evandro estava em sua mesa cabisbaixo...

Se lamentara...

Lourival do tal caso lhe falara...

Mas doutor Evandro não acreditara em fantasma...

Conversa frustrada...

Entrara em uma forte discursão ideológica...

O doutor lhe mandou embora...

Não lhe dera autorização para entrevistar ou interrogar alguns do seus pacientes...

As paredes brancas, mas ao mesmo tempo avermelhadas...

Tipo um imenso açougue, (...) Como se fossem manchadas...

Da clínica ala asilo 'tamarineira' era os seus últimos dias...

Pressionados pela reforma psiquiátrica, suas portas fecharia...

O dia amanhecendo, (...) o rei sol levantado, (...)

Inúmeros loucos nas ruas, passos vagos...

A sociedade perplexa um exército de mentecaptos...

Néscios...

Não demorara a clínica realmente fechara...

Agora vagam os loucos pela cidade, (...) centro e nos bairros...

Para o comissário Lourival as coisas se dificultavam...

Na tábua de xadrez os cavalos recuaram...

Lourival a fim de resolver, (...) fora dar uma volta...

Fora bater nas periferias e o centro da cidade...

Eram aproximadamente umas cinco horas e quarenta minutos...

Sol se pondo, (...) crepúsculo...

O por do sol é mágico...

Contemplações...

Reflexões...

Olhar atento, carcará combatendo...

Avistara lá na outra calçada...

Uma senhora pequena, idosa...

Com uma bolsa nas costas...

Cabelos longos arrepiados...

Aspecto e rosto

Desarrumados...

Estava deitada...

Bem no meio da calçada...

Perguntara-lhe alguma coisa...

Mas a senhora não sabia o que falar...

Ficara balbuciando com o seu rosto para o lado esquerdo...

Como se houvesse outra pessoa mas ali não tinha nada...

O comissário se retirara...

Deixando de vento em polpa a conversa redonda da velha insana rolar...

No rastro de outro louco fora...

Era um cara alto, moreno sempre com uma garrafa em baixo do braço...

Parava em qualquer lugar e aleatoriamente ficara ali imóvel, parado...

Os moleques da área já lhe conhecia, de outras histórias...

Chamavam-lhe de estátua...

Lourival também ao seu lado parara...

Puxara algumas palavras...

Perguntara-lhe...

Do seu táxi...

Estátua logo retrucou...

Abrira um sorriso...

Colocara a garrafa de lado...

Subira um insuportável fedor de urina ou 'mijo'...

Estátua simulara estar dirigindo com uma direção imaginária...

Lourival só olhara...

Pessoas passavam rápido ao seu lado...

Se queixando de forte odor de urina...

Lourival lhe perguntara sobre uma corrida e uma loira da madrugada...

De repente ficara nervoso o louco Estátua...

Um pouco lúcido ainda...

Puxara assunto o comissário sobre o que acontecera entre estátua e a loira da Cadisa...

O insano estátua lhe falara algo no ouvido do comissário...

Saíra em seguida sem olhar para trás...

Pele suja, roupa suja, deixara a garrafa para trás...

Falando sozinho ali não voltara mais...

Batera a noite, as ruas solitárias, era só mais uma noite fria, ventava...

Pegara o carro, fora dar outra volta o comissário...

Centro da cidade, (...) dirigia lento no asfalto recente...

Ne se dera conta; mas já estava nas imediações da CA.DI.S.A...

Mas antes parara em uma banca comprara um saco com vários saquinhos de pipoca...

Pegara a esquerda subindo avenida...

Com umas das mãos abrira a o saquinho, e mais outro...

E mais outro...

Outro...

Outro...

Colocara na boca, com a outra mão dirigia...

Lentamente subira, (...) pipoca na boca estava 'sequinha'...

Os carros buzinaram, (...) antes de lhe ultrapassar lhe soltando piadas...

Mas quando vira o seu brasão de polícia aceleravam...

Acelerar...

Acelerado, (...)

Passavam macha...

Saíra em disparada...

Então vira aquela esquina...

A esquina da CA.DI.S.A...

O tempo nas ruas estava frio...

Rodara o quarteirão inúmeras vezes...

A hora se passara...

E nada...

Iria embora...

Érea a sua última volta...

Ao lado da CA.DI.S.A novamente subira...

E quando virara a esquina o vento frio se anuncia...

O carro gelara...

Subira o vidro...

Pelo retrovisor uma forma se forma...

Com o braço estirado mesmo lá na esquina da Cadisa...

Imediatamente breca o carro...

Macha ré...

E quando olhara pelo retrovisor...

Não tinha mais ninguém...

Apenas o vulto de um tronco e um logo galho da árvore na praça em frente...

Fronte, (...) Sob a luz da cidade e da lua...

Visão oculta...

Visagens do além...

Dentro do carro Lourival, com o pescoço virado a fim de entender aquela visão frustrada...

Mão na arma...

-Oi moço! Pode me conseguir uma carona em seu carro?

Brada de forma formal...

Aquela mulher; loira, estatura mediana, pele branca...

Baton vermelho; lápis no olho...

Um belo corpo...

Envolvido em um vestido branco...

O comissário leva um susto daqueles...

-Boa noite senhora! é que não vi senhora atravessando...

A loira retruca: - Senhorita, moço por favor!

Mas a visão de uma simples mulher bonita...

Chamativa...

Agrada...

Pensa consigo: "Será a mulher fantasma? Ou a galega "mal assombrada"?

- O senhor é bonito! Me desculpa a ousadia, (...)

-Nada! - retruca Lourival

-Justifica a loura da CA.DI.S.A enquanto suspende os seus seios fartos...

-É que gosto de andar em companhia de gente bonita! –

 Mas gostaria mesmo era de dar uma volta...

Me sinto muito solitária...

Às vezes até abandonada...

Diserta a loira da CA.DI.S.A, no interior do carro do comissário...

Cortando a cidade noturna...

Escuras ruas...

Na direção Lourival totalmente encantado...

Passeava a toa com aquela loura em seu carro...

Seu olhar, os seus olhos...

Não Dara para precisar...

Ora azul ora negro...

Um mulherão...

Lourival começara...

E se excitar...

Excitação...

Excitado...

Não mais pensara em trabalhar...

Só em amar...

Aquela mulher...

Tão desamparada...

"Gostosa" ...

Mas por um momento, (...) entre o enrijecer do seu membro...

Um simples detalhe observara...

Era nebulosa no espelho interno, (...) a face da loira no seu banco traseiro...

Um frio lhe subira na espinha, (...) Sentira medo...

Fora olhar as horas...

Percebera o seu relógio estava parado...

Apontara zero hora e alguns minutos travados...

Voz tão doce e desprotegida lhe convencia a fazer tudo que ele normalmente não faria...

Madrugada fria...

Fria madrugada...

A loira ardentemente começara a acariciar o pescoço do comissário...

A temperatura baixara ainda mais dentro do carro...

Apalpara os bicos dos seus mamilos...

Um calor interno tomara o seu corpo e espírito...

Lourival se entregara o carro embalado...

Asfalto a baixo...

Por entre ruas...

Já estavam nas imediações do bairro do salgado...

Reduzira macha...

Estava bom para Lourival...

Sensação mágica...

Quase na hora 'H'...

Lourival prestes a ejacular...

Recua a tal loira do nada...

-Por favor, motorista me leve urgentemente a minha casa...

Eu tenho que voltar para casa...

Já vão dar três horas...

Sinto muito meu caro, mas tenho que ir embora!

Afirma enfática a loura misteriosamente...

Lourival estranha toda aquela urgência do nada...

Não tinha mais clima...

Não restava mais nada...

O comissário se dirigia a casa da loura da Cadisa...

Ruas 'Goiás' bem em frente a linha do trem...

Casa pequenina...

Porta e janela desfigurada...

Numeral baixo...

Se identificava apenas o seis, o resto estava apagado...

 -Aqui seu moço!

Pode parar...

 -Já estou parando, (...) mas gostaria de saber por que você tem tanta pressa em voltar para casa?

Indaga curioso o comissário...

-Eu volto moço! Espere-me...

Diz a loira ainda dentro do carro...

 -Hum...

Mas quando a loira da CA.DI.S.A tenta sair do carro alguma coisa o impede...

Impedimento, (...) impeachment...

Impedida...

Estava pressa no carro do comissário...

Pois havia sal de pipoca nas travas e nas cavidades da porta...

Lacre mágico...

Prendera aquela lenda no interior do seu carro...

O sal é um forte agente mágico...

Nenhum espírito ultrapassa...

Nem vai nem vem...

- Quem é você? O que você é? Qual é o seu nome?

Indaga aos montes o comissário...

-Eu sou ninguém!

Afirma em um pouca palavras a loura com aspecto nervoso...

-me deixe entrar em minha casa? (...)

Exclama indo de um lado a outro no interior do carro...

-Mas pode sair, não estou lhe impedindo...

 -Abra a porta... Vamos!

Brada Lourival...

- Não posso você colocou sal na porta, por quê? O que fiz pra você?

Indaga a loira da CA.DI.S.A já mudando de expressão...

Pelo espelho interno havia profundas rugas em seu rosto, (...)

Ainda a pouco era lindo observara o comissário...

Já eram três horas daquela madrugada...

Ainda pelo espelho interno lhe perecia que o seu rosto desfigurava...

Nas esquinas da noite...

Madrugada fantasma...

Cabelos longos louros...

Escondera o seu rosto...

Os fantasmas da madrugada...

-Porque você fez isso com todos esses homens? Taxistas, noturnos motoristas, porque hein?

Porque só homens e não mulher?

Indaga Lourival que não a olhara de frente sempre a interrogando pelo espelho interno...

A loira sentada não mais lhe olhara, (...) nem mais ao menos levantara a sua cabeça...

-Maldito seja! Me deixe entrar em casa, eu preciso ir para casa...

Exclama a loura da CA.DI.S.A, (...)

Lourival notara que sua voz mudara...

A hora se passara...

Estava mais rouca, (...) Envelhecia...

Envelhecer, (...) Envelhecida...

O receptáculo de espíritos...

... Espírita...

-Você ao que me perece ainda não tenho certeza, completa Lourival alisando o seu grisalho cavanhaque...

Muitos homens motoristas solitários, casados...

Seduzira e em seguida os enlouqueciam...

Era isso? (...) Por quê? Só me explique isso?

-Eles não me deixam descansar...

Nunca me deixam em paz...

Sempre lembrando de mim...

Mas quando a noite cai...

Ha ha ha! - solta uma aguda gargalhada a loira aprisionada...

Toda hora me evocando...

Me desejando...

Por mim clamando com suas cabeças de baixo...

Eu sou o resultado dos pensamentos ou o consciente do coletivo...

Eu estou sempre dentro da cabeça dos homens infiéis, (...)

Relata vagarosamente como se estivesse perdendo suas forças...

Pensamentos assombrados...

Todas as sociedades, tem relatos de aparições de espíritos...

Vingativos...

Espíritos informativos...

Larvas astrais...

Espíritos de outros espíritos...

-Homens infiéis... são uns desalmados...

Os odeio de alma!

Que alma? -resmunga o comissário...

-Como disse motorista?

Indaga a loura com voz trêmula...

… Tremia...

… Tremer...

-Nada minha cara, nada! E logo completa, -Mas como é mesmo o seu nome?

O meu dedo moço! (...) me deixa sair, preciso entrar em casa...

Ele ta vindo... vai bater em mim... Ele vai me espancar...

Me deixa sair... para eu entrar agora!...

-É essa a sua casa? Ele quem? Me fala?

-Hum, (...) me parece não ter ninguém...

Completa depois de deixar o carro e bater fortemente três vezes seguidas...

Enquanto isso no seu carro estava a loura da CA.DI.S.A...

Apreendida através de um lacre mágico...

Esperara bem uma hora, (...) analisara a casa...

Olhara pela fresta da porta fechada...

Se avistara apenas vultos de coisas encostadas nas paredes, talvez ferragens...

Como aquele relato de outrora...

E mais nada...

O eco da casa...

A escuridão...

Já era quase cinco...

Sentada no banco traseiro, a loira da CA.DI.S.A pelo interno espelho...

Lhe mostra o seu amputado dedo anular esquerdo (...)

Começara a jorrar sangue no tapete, banco e no carro inteiro...

De repente ainda na calçada, (...) aquela visão lhe causara medo! (...)

O comissário se agacha com o seu dedo médio indicador raspa o sal fora...

Minutos antes do rei sol nascer, (...)

Ao levantar sua vista no banco de trás não mais estava, (...) a loira da Cadisa vai embora...

Não se sabe os reais motivos que fez o comissário romper aquele lacre mágico...

A loura lhe jogara uma ilusão? Entrara em seguida, (...) os vidros rapidamente subira...

Rodara a chave, (...) os pneus cantara...

Saíra em alta velocidade... deixara a casa da galega da CA.DI.S.A...

O sol de vez subira...

Brilhara nas ruas...

O céu limpo...

Os pássaros e seus cantos finos...

Os cachorros latindo...
Lourival no meio do plantão fora para casa...
Abrira nervosamente sua porta, a esposa foi a primeira a ver, lhe abraçara...
Seu filho de onze anos, no colégio ainda estava...

-O que é isso homem? -Soninha não entendera nada ...
Amor se o superior ligar mande botar falta, ou sei lá o que? Mas hoje! Ta vendo hoje!
Eu não saio mais de casa, -completa tirando sua camisa, cinturão e arma...
Chega de lendas urbanas, histórias de fantasmas, (...) Uma hora dessas acabo
enlouquecendo...

Completa, atordoado, fedendo e andando a casa para ambos os lados...
Queria namorar...
De jeito pegara a sua mulher, (...) ela de roupas intimas...
Sua pele, seu charme, uma verdadeira "delícia"

-Homem vai tomar um banho, cara, tu tá fedendo e com força!
Completa sua companheira de anos, (...)
–Que eu saiba é pra gente se amar na saúde e na doença e não na imundice. –retruca
Soninha ajeitando os cabelos e seios...
Mas tava tudo estranho, (...)

Só pensava porque não resolvera aquele assombrado caso, se perguntando tudo ao
contrário...

Não fora tomar banho...

Dormira no sofá da sala...

Nem escutara mais os estridentes pedidos para ir ao banheiro de sua amada...

Da forma que estava para a sua enorme cama não passara...

Sua bela já irritada não deixara...

Meia garrafa de uísque lá no barzinho da sala; tomara...

A madrugada foi certeira, (...) só 'acastelando', amanhecera; (...)

Céu nublado; Era véspera de finados...

Dia de todos os santos...

Olhos remelados... Lhe parecia mais que tinha dormido fora de casa...

No chão ou tipo mata...

Um morador das ruas...

Estava melhor, porém determinado a continuar e desvendar aquele tal caso...

Da galega mal assombrada...

A dama das esquinas...

A loura da CA.DI.S.A...

Saíra ainda bem de manhãzinha...

Soninha a sua mulher ainda dormira...

Mas antes fora ao quarto cheirou a sua calcinha...

Entrara em seu carro...

Mal estacionado...

Então saíra...

Endereço de investigação paranormal bairro do salgado...

Rua Goiás, de fronte a linha do trem...

Batera com vigor na porta...

Novamente julgara iria embora, pois não havia ninguém...

Mas antes de virar-se para o carro...

Alguém batera em suas costas com uma barra de ferro nas mãos estava...

-Diga senhor o que quer batendo tão forte e rápido em minha velha porta?

Vamos diga? Indaga uma voz de súbito...

Quando o comissário Lourival para trás se voltara...

Era uma visão bizarra, sem sol, ainda estava escuro, Lourival de óculos escuros...

Era um velho decrépito com uma corcunda e grande barba...

Estava armado com uma barra; por um momento lhe dera medo! (...)

-Diga senhor, quer alguma coisa?

Pois tenho muito trabalho, diga o que quer com esse ferreiro...

Conclui o velho corcunda com um ferro em uma das mãos...

-Preciso soldar só falta essa peça para a cadeira de balanço...

Por uma loura de olhos intrigantes, cabelos logos, olhar cativante,

Se dizendo moradora desta humilde casa, (...) Casinha...

O comissário ao velho perguntara...

Negativando com sua cabeça grisalha: - Não mora nenhuma loira aqui, Senhor!

Sinto muito, o senhor não é o primeiro a vir aqui me perguntar algo dessa natureza...

Afirma o ferreiro idoso com voz de lastima...

E completa: - em outrora morou uma galega aqui, mas ela foi assassinada já faz vinte anos...

-Mentira! Corta repentinamente o comissário Lourival e completa, (...)

-O senhor está me escondendo algo, aqui é a polícia civil!

O que o senhor mentir será levado contra você...

Pois não colaborar com a polícia ou mentir em depoimento é crime sabia?

O velho cala-se...

Lourival adentra o seu carro...

Puxa um cigarro...

O velho ferreiro sem dar mais uma palavra coloca uma enorme chave na fechadura, (...)

Se suspende faz força, Lourival lhe ajuda...

A porta abre-se...

Casa de ferreiro espeto de pau. – se justificando aquele velho com um sorriso amarelo...

Com os olhos filma por inteiro a casa...

Pensa consigo; "Mas era verdade desse velho, aqui não tem nenhum móvel, só ferro velho"...

Só ferro, e mais ferro, barras...

Realmente não tem nada."

Apenas identificara uma fotografia na parede, em meio aos postes de "Pin Up" de oficinas...

Garotas de calendários...

O tal quadro estava meio pendido, na parede, bem no lato...

-Aquela foto ali é de quem?

O velho corcunda olhara sem poder muito levantar a vista...

Era a minha menina, (...) foi assassinada a bichinha, que o macrocosmos a bote em bom lugar!

-Amém!!!

Retruca Lourival, com olhar perdido...

Como se não tivesse compreendido...

Pedira-lhe para a fotografia olhar mais de perto...

Averiguar...

Depois de muita insistência, senhor lhe conseguira uma escada...

 Mas quando a fotografia olhara...

Era mesmo ela estava escrito minha filha finada...

O seu nome Lourival não mencionara...

Mas guardava em sua mente aquela data...

O senhor jurara que no cemitério municipal a enterrara...

Lourival arrastou o velho o colocou em seu carro e para o tal cemitério rumara...

Tinha pressa, queria avançar o sinal...

Mas daquele senhor levara uma lição de moral...

Falou-lhe também do zelo que tinha por sua filha...

-Lhe tranquei em casa... ela não namorava, - dizia o idoso...

-Mas de casa uma noite saíra escondida...

Relatos da época dizem que a viram pegando carona lá na esquina da Cadisa...

Mas eu, sabe eu este folheto aqui, não acredito, sinceramente...

Ela era uma santa, não tinha amizades, nem namorados, iria casar quando fosse a hora certa!

Eu mesmo ia conseguir um partido bom pra ela...

Mas ela se foi, - (...) lamenta com lágrimas nos olhos o velho ferreiro...

Por fim chegam ao cemitério...

Um ar fúnebre vem em paralelo...

Paralela...

Paralelamente...

Um imenso portão com barulho estridente...

Correntes e cadeados oxidados...

Ambos adentram o recinto cadavérico...

Tumbas não cuidadas...

Mausoléus e covas rasas...

A areia sempre molhada pela água jogada pelos coveiros...

Um homem baixo, de "short", meias e manchados sapatos...

Poda uma árvore seca ao lado, (...) sem dar uma única palavra, (...)

Inúmeros felinos correm assustados...

O ferreiro corcunda, lhe levara em uma tumba...

Fotografia semelhante a foto da galega da noite anterior, ali também estava...

A imagem da oficina com aquela da lapide comparara...

Soltara um enigmático sorriso...

Ao mesmo tempo em que se emocionara...

Uma linda mulher, (...) loura, batom vermelho, lápis e olhos lindos de dar nos nervos...

O velho corcunda caíra de joelhos a chorar...

Relembrando tudo aquilo...

O comissário encerrara o caso...

Sentara ali do lado...

Ascendera um cigarro, (...) era véspera do dia de finados...

"O lamento do seu pai a trazia de volta...

... Os radialistas da cidade em velhas histórias

... A traziam de volta...

... O consciente coletivo também a traziam de volta...

... Resultado da investigação sobrenatural;

... Ninguém exatamente ninguém a deixavam descansar ou ir embora...

... Pelos fins declaro o fenômeno do 'fantasmata'...

OBS: - Resquícios de átomos apodrecidos, (...) pela força da mente atraídos..." (...)

Escreve rapidamente em seu bloquinho de notas...

Cigarro na boca a fumaça vai embora.

AUTOR: / O ESCRITOR FANTASMA /

Em 07/11/2014/

Período de férias, às: 18h30min.

FIM!

BIOGRAFIA DO AUTOR

Iram Fábio Rodrigues Nunes, conhecido como: Iram F. R. Bradock nasceu em 13/09/1981 na maternidade Jesus Nazareno, (FUSAM) da Princesa do Agreste, morador da Rua Preta, cidade de Caruaru-PE. É filho único, funcionário público contratado pelo município de Caruaru, formado em Gestão Pública. Sua paixão pela literatura começou desde cedo quando sua avó lia poesias diariamente para ele ouvir. Iram começou como letrista em 1997 e entre os anos de 2003 a 2007, iniciou-se como contista com a série: "Contos Carnais do Andarilho das Ruas".

Em 2011 lançou o primeiro livro intitulado: FANTASMAGORIA 1@ Livro Bradockiano Sobre Poesias Ocultas, pela Editora ALL PRINT.

Já em 2014 lançou o 2@ Livro Bradockiano Sobre Poesias Ocultas: O RECEPTÁCULO DE ESPÍRITOS, pela Editora Scortecci.

Lançou pela revolução E-book A QUADRILOGIA POESIA GÓTICA + LIVRO BRADOCKIANO PERDIDO.

São eles:

O VULTO DA CASA VELHA ou A SALA ESCURA 1@ livro Bradockiano sobre poesias góticas;

O CEMITÉRIOS DOS POEMAS ESQUECIDOS 2@ livro Bradockiano sobre poesias góticas;

O PRISIONEIRO DA GRADE DO INFERNO 3@ livro Bradockiano sobre poesias góticas;

O FANTASMA DE UMA MULHER 4@ livro Bradockiano sobre poesias góticas;

O ORÁCULO DAS POESIAS Livro Bradockiano perdido;

NECRÓPOLE ou A CRUZ ROUBADA DO CEMITÉRIO A lenda da menina com cara de gato (Amazon);

NAS ESQUINAS DA MADRUGADA ou UMA MADRUGADA FANTASMAGÓRICA

O Retorno da Galega da CADISA (Amazon);

A CAIXA DOS ESPÍRITOS O labirinto do demônio do sexo (Amazon);

O FANTASMA DO RECIFE ANTIGO (A dama do carnaval) / Conto / (Amazon);

CEMITÉRIO DAS CRIANÇAS Contos Bradockianos / CONTOS / (Amazon).

O HOSPITAL MALDITO / Contos / (Amazon).

O VELHO e o CEMITÉRIO / Conto / (Amazon)

A CIDADE DOS MORTOS NOIADOS / Poesia Oculta / (Amazon)

O ESPECTRO QUE HABITA AS FOTOGRAFIAS / Poesia Oculta (Amazon)

Extraído do E-book: O VULTO DA CASA VELHA

2@ Livro Bradockiano sobre poesias góticas

ASIN: B00MOWKYBM

A CASA DA BRUXA / Poesia Oculta / (Amazon)

OS FANTASMAS DA POLÍTICA
LEOS & ÁSPIS Ressurge (Poesia Oculta) / Amazon /

O FANTASMA DO RIO IPOJUCA / Poesia Oculta / (Amazon)

O HABITANTE DO ESGOTO / Poesia Oculta / (Amazon)

BARATA PRETA o bandido fantasma / CONTO / (Amazon)

UMA PARTIDA DE FUTEBOL / Conto / (Amazon)
Batendo um rachinha

O OUTRO LADO DA TAMPA DO RALO / O habitante do esgoto ressurge /
Conto / (Amazon)

A CASA DAS ALMAS / Conto / (Amazon)

A casa das montanhas

A COISA DEBAIXO DA CAMA / Conto / (Amazon)

LINHA 113 ou O ÔNIBUS DA MEIA NOITE

O retorno do bonde para o crime / Conto / (Amazon)

O VULTO DO MAUSOLÉU o andarilho dos cemitérios ressurge / Poesia / (Amazon)

O CAIXA ELETRÔNICO / Conto / (Amazon)

O bonde para o crime encontra a galega da CA.DI.S.A

O HOSPITAL DOS LAZARENTOS

Os últimos dias do Mestre Vitalino / Conto / (Amazon)

CARUARU CYBERPUNK

(Amazon / Conto Promocional)

OS FANTASMAS /

/ O caixeiro viajante / Conto / Amazon /

ASSOMBRAÇÕES DO PLANALTO DA BORBOREMA & Outros Poemas

(Amazon/ livro Poesia/

O FANTASMA DE JOSÉ CONDÉ

(Amzon / Conto Pormocional)

Made in the USA
Columbia, SC
24 November 2020